글 김은정 | 그림 김효주

● 작가의 말 ●

"메모를 한다고 해서 얼마나 달라질까?"

아마 이렇게 생각하는 친구들이 정말 많을 거예요. 예전에 나도 그랬어요. 슈퍼마켓을 갈 때면 사야 할 것들을 머릿속에 저장을 하고 가지요. 그런데 집에 돌아와 짐을 풀다 보면 '아 차차' 하기가 일쑤였답니다.

여러분도 그런 적이 있나요? 약속을 깜빡 잊거나 학교 준비물을 잊어버리고 등교를 하고, 심부름을 하려고 집을 나섰다 뭘 해야 할지 잊어버린 적도 있을 거예요. 그럼 하루 종일 우울하고 속상해서 다른 일도 제대로 할 수가 없어요.

언젠가부터 우리 집 냉장고에는 늘 포스트잇이 붙어 있어요. 필요한 것을 적어두는 메모장이죠. 거실에 있는 달력에는 날짜마다 스케줄이 적혀 있어요. 그리고 세세한 메모들은 수첩에 적어두어요. 이런 메모습관은 해야 할 일을 잊지 않도록 도와주지요.

메모습관은 현명한 생활 습관과도 같아요. 내 생활을 깔끔하게 만들어주기 때문이에요. 언제든 간단하게 적힌 메모만 봐도 내가 했던 일을 떠올릴 수 있고, 중요한 행사나 기념이 될 만한 일들은 자세하게 일기처럼 기록을 해두면 즐거운 추억이 되기도 한답니다.

 이제 여러분들도 메모를 시작해보세요. 어떻게 하는지 잘 모르겠다고요? 그럼 책을 잘 읽고 천재처럼 차근차근 시작하면 돼요. 메모를 하는 것에는 정답이 없어요. 자신이 알아보기 쉽고, 편하게 하면 돼요. 그러니 자신감을 가지고 시작하다 보면 어느새 메모 왕이 되어 있을 거예요.

메모 왕 김은정

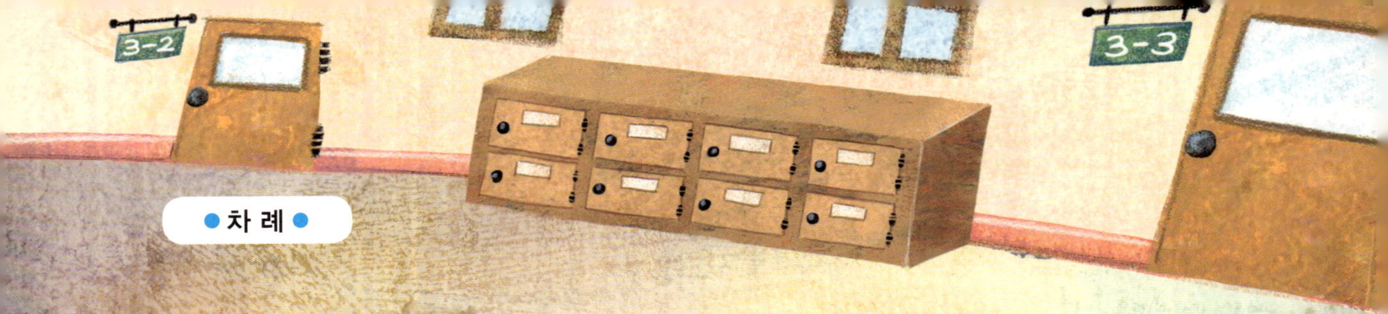

● 차 례 ●

1장 기억해 낼 거야!

01 기억력 짱, 안천재? 14
02 내 머리가 이상해 20
03 메모를 하라고? 26
04 첫 번째 메모를 하다 32
05 메모는 왜 중요할까? 38

2장 메모, 어떤 걸 해야 하는 거야?

01 어디든 메모만 하면 되지 44
02 이제부터는 나도 메모할 거야 52
03 메모지보다 수첩이 더 낫네 58
04 메모도 정리한다고? 64
05 주제에 따라 메모 정리하기 70

3장 메모 때문에 더 정신이 없어

01 하루를 정리하는 메모, 일과표 ······ 78
02 이걸 어떻게 하루에 다 해? ······ 84
03 인생은 정리가 필요하지 ······ 90
04 우리는 삼총사 ······ 96

4장 메모 덕분에 우등생이 되다

01 수업 시간, 메모에 빠지다 ······ 104
02 공책 정리도 메모라고? ······ 110
03 엄마, 좀 적으라니까요 ······ 116
04 시험 대비 전 과목 공책 정리 ······ 122
05 책에도 메모를 한다고? ······ 128
06 꿈이 이루어지는 메모 ······ 134

메모습관은 왜 필요할까요?

메모는 내가 해야 할 일을 적어두는 것이에요. 약속, 공부 계획, 좋은 글 등 기억해야 할 일은 끝없이 늘어나지만 우리의 뇌는 사용할 수 있는 용량이 정해져 있어 아무리 중요한 것이라 해도 머릿속에서 사라질 수밖에 없어요. 그렇기 때문에 메모가 필요한 거예요. 메모를 해두면 머릿속에서는 잊어도 글로 남게 되어 절대 잊지 않을 수 있어요.

메모 방법에 정답은 없어요

내가 가장 잘 할 수 있는 방법을 선택해서 하면 돼요. 어른들의 경우, 컴퓨터나 스마트폰 등을 이용하지만 초등학생인 우리 친구들에게 가장 맞는 방법은 수첩이나 공책에 직접 쓰는 메모일 거예요.

처음에는 기억해야 할 모든 내용을 무조건 쓰는 것으로 시작해 점차 자신만의 메모 방법을 만드는 것으로 발전시켜 나갈 수 있어요.

메모는 하루하루 매일 정리해요

매일 10분 정도 일정한 시간을 정하거나 잠자리에 들기 전에 그날을 정리하며 메모를 정리해요.

메모는 순간순간 생각난 것들을 적는 것부터 수업시간에 선생님 말씀을 적는 것까지 범위가 넓기 때문에 하루만 지나도 메모의 양은 수북하게 쌓이지요. 매일 정리를 해야 중요한 내용과 버릴 내용을 쉽게 구분할 수 있고, 더욱 잘 기억할 수 있어요.

항상 필기도구를 가지고 다녀요

머릿속에 기억이 떠오르는 순간 바로 메모할 수 있는 준비가 되어 있어야 해요.

약속이나 계획은 물론 좋은 생각이나 기억하고 싶은 아이디어 같은 것이 떠오를 때 바로 적어두지 않는다면 금세 잊어버리기 때문이죠. 작은 수첩이나 메모지, 간단한 필기도구를 항상 가지고 다니면 언제든 메모할 수 있어야 해요.

1장
기억해 낼 거야!

기억력 짱, 안천재?

내 이름은 안천재. 머리가 엄청 좋으냐고? 어릴 때는 그랬다. 한 번 들으면 절대 잊어버리지 않았다. 그런데 요즘은 아니다.

나 안천재 머릿속은 뒤죽박죽, 제대로 기억하는 게 아무것도 없어 실수하기 일쑤다. 분명 수업 시간에 제대로 들었다고 생각했는데, 시험을 보면 모르는 문제가 더 많다. 시험뿐이면 공부를 안 해서 그럴 수도 있다고 생각한다. 하지만 그게 아닌 것이 문제다. 친구들과의 약속은 물론이고, 학교 준비물까지 제대로 기억을 하지 못한다.

어제도 그랬다. 분명 단짝 친구 진원이와 '내일' 한옥도서관에서 만나기로 해놓고는 버젓이 '어제' 도서관 앞에서 혼자 1시간을 넘게 기다리다 돌아왔다. 당연히 '오늘' 학교에 가자마자 약속을 지키지 않은 진원이에게 온갖 험한 말은 다 뱉으려고 했다. 그런데 진원의 말 한마디가 내 머리를 확 깨게 했다.

"안천재, 너 요즘 왜 그래? 어떻게 제대로 기억하는 게 하나도 없냐? 정말 너무한다."

'뭐지? 이게 아닌데…….'

"내일은 우리 학년 아침운동이 있는 날이니까 다들 늦지 않도록 해요. 늦게 오는 학생은 늦은 시간만큼 더 할 거예요."

선생님 말이 끝나자마자 여기저기서 투덜거리는 소리가 들렸다. 당연히 나도 싫다. 일주일에 한 번씩, 그것도 30분이나 일찍 학교에 와야 하다니.

"선생님, 안 하면 안 돼요?"

"별로 운동도 안 된다고요!"

정말 짜증나는 일이 아닐 수 없다. 달콤한 아침잠을 이렇게 허무하게 포기해야 하다니.

이 외에는 오늘 역시 특별한 알림장 내용이 없다. 난 2학년 때 이후로 알

림장을 써 본 적이 없다. 중요한 내용도 없고, 일단 알림장을 쓰는 자체가 너무 귀찮다.

알림장을 뚫어지게 쳐다보고 있는데 김영광이 불렀다.

"안천재, 이번 주 금요일 수업 끝나고 축구시합 있어. 지난 번 우리가 졌던 지성초등학교랑 다시 붙는 거니까 절대 까먹지 말고 와. 알았지?"

영광이와 나는 우리 반 축구 대표다. 그런데 영광이의 눈빛이 영 나를 믿지 못하겠다는 표정이다.

"알았어. 내가 언제 안 간 적 있냐?"

"헉, 너 지금 그걸 말이라고 하냐? 지난번 시합 때 전반전 다 끝나고 왔잖아. 시합 직전에 골키퍼 구하느라 얼마나 힘들었는지 알아? 너 이번엔 제대로 와야 해."

순간 나는 그때 일이 떠올라 얼굴이 빨갛게 달아올랐다. 이번에는 절대 잊지 않을 거다. 절대!

메모왕의 한마디

"금붕어냐? 자주 까먹게?"

자주 깜빡깜빡하는 친구에게 이렇게 놀리곤 하지요. 그런데 왜 하필 금붕어라고 할까요? 그건 금붕어의 기억력이 3초라고 알려졌기 때문이에요.

하지만 정말 금붕어는 머리가 나쁠까요? 금붕어의 기억력을 실험했는데, 그 결과가 아주 흥미롭답니다. 금붕어에게 한 달 정도 음악을 들려주며 먹이를 준 뒤, 음악을 멈췄다가 5개월 후에 같은 음악을 들려줬더니 금붕어들이 음악을 듣고 먹이를 먹으러 모여들었다고 해요. 신기하죠? 우리가 알고 있는 것과 다르게 금붕어의 기억력이 5개월이 넘었던 거예요.

인간은 뭔가를 외운 다음 1시간이 지나면 50%를 잊고, 하루 뒤에는 70%, 한 달 뒤에는 80%를 잊어버린다고 해요. 따라서 무엇이든 오래 기억하기 위해서는 자주 반복하며 익히는 것이 가장 좋은 방법이랍니다.

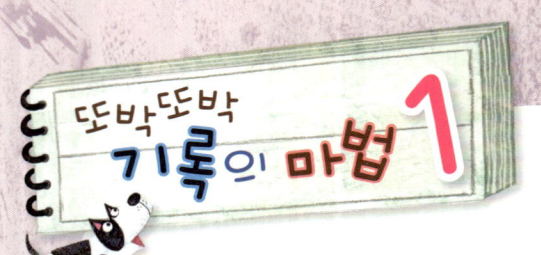

기억력을 오래가게 하는 망각곡선의 원리

수업 시간에 배운 것을 몇 번씩 읽고 외워서 머릿속에 잘 저장해두어도 얼마 지나지 않아 대부분 잊어버리게 되지요. 그렇다면 잊지 않고 오래 기억하기 위해서는 어떻게 해야 할까요?

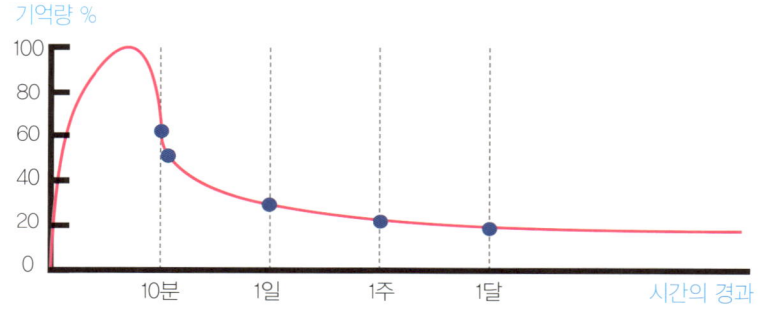

〈헤르만 에빙하우스의 망각곡선〉

에빙하우스의 망각곡선에 따르면 우리 뇌는 정보를 얻은 10분 후부터 망각을 시작해 1시간 뒤에는 50%, 하루 뒤에는 70%, 한 달 뒤에는 80%를 잊어버린다고 해요.
그렇기 때문에 기억을 완전히 잊기 전에 10분, 1일, 일주일 간격으로 꾸준히 반복하여 더 이상 공부하지 않아도 기억 속에 남도록 해야 합니다.

또박또박 기록의 마법 2

기억의 원리 = 주기적인 4회 반복

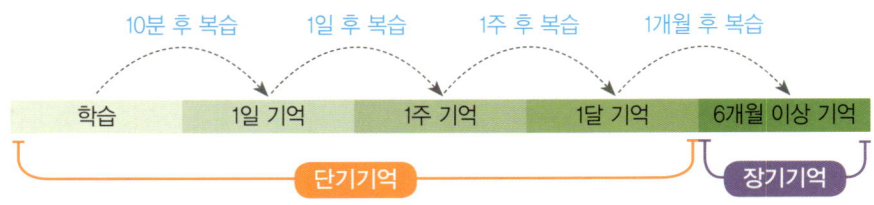

❶ **1회 복습** 10분 이내에 복습을 하면 잊어버린 기억을 100% 가까이 되돌릴 수 있다.

❷ **2회 복습** 하루 뒤 복습을 하면 일주일 정도 기억이 유지된다.

❸ **3회 복습** 일주일 뒤 복습을 하면 1달 정도 유지된다.

❹ **4회 복습** 1달 뒤 복습을 하면 6개월 정도 유지된다.

이처럼 복습을 통해 기억력을 100% 채워가는 과정을 반복하게 되면 기억을 유지하는 시간이 늘어납니다. 그리고 6개월 후 한 번 더 복습하면 장기기억으로 전환되어 오랫동안 기억할 수 있게 됩니다.
오래 기억하기 위한 방법은 반복, 또 반복이라는 것! 잊지 마세요.

내 머리가 이상해

"야, 윤진원. 너 천재한테 말 안 했어?"
김영광이 붉으락푸르락한 얼굴로 진원이에게 소리를 질렀다.
"안 하기는 왜 안 해! 어제도 했단 말이야. 안천재 이 자식, 요즘 왜 이래?"

"전화 좀 해 봐."

김영광이 신경질을 한 가득 안고 말했다.

"벌써 했어. 휴대전화는 꺼져 있고, 집 전화도 안 받아."

진원이는 내가 오지 않는 게 마치 자기 잘못인양 어찌할 바를 몰랐다. 그나마 우리 팀이 이기고 있으면 좋을 텐데, 골대 앞이 계속 불안 불안하다. 진원이는 다시 전화기를 잡았다.

따르릉~ 따르릉~.

"여보세요?"

"야! 너 지금 집에 있으면 어떻게 해?"

"어, 진원이구나. 왜? 나 금방 엄마랑 마트 다녀왔지. 내가 갖고 싶어 하던 청바지, 드디어 샀어."

진원이는 황당해서 말도 제대로 나오지 않았다.

"너 오늘 축구시합인 거 몰라? 벌써 전반전도 끝났다고!"

축. 구. 시. 합.

아, 그랬지. 나는 갑자기 바보가 된 거 같았다.

나는 우리 팀 골키퍼다. 다른 친구들은 골키퍼가 싫은지 영 하려들지 않는다. 하지만 난 골키퍼가 좋다. 완전 심리전 같다. 상대 선수가 다리를 요리조리 흔들며 아무리 잔재주를 부려도 내 눈에는 속임수가 빤히 다 보인다. 내가 우리 반 골키퍼가 된 뒤로 거

의 패한 적이 없을 정도다.

　겨우 달려 운동장에 도착했을 때는 이미 후반전도 한참 지나 3대 1로 뒤지고 있었다. 선수 교체가 되고 골키퍼로 시합에 들어갔지만 뒤집기에는 역부족이었다. 정신없는 사이에 마지막 골까지 허용하고 말았다. 결국 4대 2. 우리 팀이 졌다. 마지막 한 골은 정말 아깝게 손끝을 맞고 들어가 버렸다. 그렇게 나 때문에 축구시합에서 우리가 졌다.

　김영광이 눈에서 레이저를 쏘아대며 소리쳤다.

　"안천재, 너 한 번만 더 잊어버리면 진짜 팀에서 뺄 줄 알아!"

　"미안해, 애들아. 나도 내가 왜 자꾸 까먹는지 모르겠어. 내 머리가 이상해졌나 봐."

　나는 친구들 얼굴을 제대로 볼 수 없었다.

메모왕의 한마디

말을 배우는 아기들은 따로 기억력이 없어요. 새로운 것을 아는 동시에 스폰지처럼 흡수되어 저절로 기억이 되기 때문이죠. 하지만 초등학교에 입학하고 나서 해야 하는 공부의 양이 많아지면 사람에 따라 기억력에 차이가 나타나게 돼요.

기억력은 뇌의 발달과 관계가 있어요. 특히 초등학교 3학년 무렵이면 좌뇌와 우뇌의 얼개가 완성되면서 본격적으로 뇌가 활동하는 시기예요. 그래서 이 시기의 공부가 평생 공부의 기초가 되는 것이랍니다.

철학자 칸트는 '손은 밖으로 드러난 뇌'라고 말했어요. 그만큼 손을 쓰는 일이 뇌를 자극해 발달에 도움을 준다는 뜻이에요. 그런 의미에서 손을 이용하는 메모는 그 자체만으로도 중요하지만, 손도 사용하고 생각까지 이어갈 수 있다는 점에서 기억을 향상시키는 가장 좋은 습관이라고 할 수 있어요.

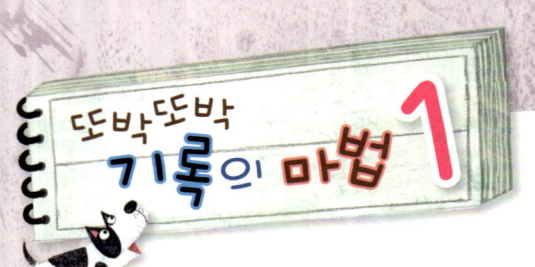

기억력을 높이는 방법

뇌에는 '해마'라는 신경세포다발이 있어요. 이 해마를 자극하면 더 많은 기억이 저장될 수 있어요. 기억을 저장하는 뇌세포는 쓰면 쓸수록 용량이 커져요. 따라서 끊임없이 뇌를 자극하면 당연히 기억력이 좋아지겠지요?

❶ 해야 할 일을 미루지 않는다.
❷ 물건을 제자리에 두는 습관을 기른다.
❸ 관심을 가지고 집중한다.
❹ 주기적으로 반복해서 기억한다.
❺ 말로만 외우기보다는 사물과 연관시켜 이미지화한다.
❻ 중요한 것은 메모를 한다.
❼ 꾸준히 운동을 한다.
❽ 소리 내어 친구에게 이야기한다.

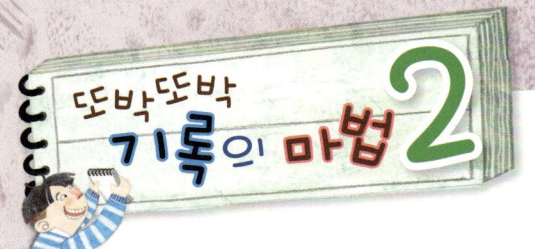  

나의 기억력은 어느 정도일까요?

- ☐ 전화번호나 사람 이름을 기억하지 못한다.
- ☐ 어떤 일이 있었는지 생각나지 않을 때가 있다.
- ☐ 며칠 전에 들었던 이야기가 기억나지 않는다.
- ☐ 어떤 일을 하고도 했는지 안 했는지 몰라 매번 다시 확인한다.
- ☐ 해오던 일은 잘하지만 새로운 것은 배우기 힘들다.
- ☐ 약속을 잘 잊어버린다.
- ☐ 이야기 도중 무슨 이야기를 하고 있는지 잊어버린다.
- ☐ 늘 쓰던 물건을 어디에 두었는지 몰라서 한참을 찾는다.
- ☐ 물건을 두고 다니거나 잘 잃어버린다.
- ☐ 어떤 일을 해놓고도 잊어버리고 또 한다.
- ☐ 하고 싶은 말이나 표현이 금방 떠오르지 않는다.

3개 이하 : 기억력이 아주 좋아요. 모든 일을 잘 기억하고 있네요.
4~7개 : 위험한 상태네요. 좀 더 주의집중하세요.
8개 이상 : 아주 심각해요. 모든 일을 꼼꼼히 확인하는 습관이 필요해요.

메모를 하라고?

시무룩해진 나는 발을 털썩거리며 집을 향해 걸었다. 기운이 하나도 없다.
"천재야!"
"으악! 깜짝이야."
누군가 어깨를 툭 치는 통에 화들짝 놀랐다.

"왜 그렇게 놀라? 무슨 생각을 하고 있던 거야?"

내가 좋아하는 주은이었다. 그런데 주은이 얼굴을 보자 기분이 더 가라앉았다.

"주은아, 내가 요즘 이상해?"

"누가 너보고 이상하대? 글쎄, 난 잘 모르겠는데……."

주은이가 고개를 갸우뚱했다.

"며칠 전에 진원이랑 도서관에 가기로 했었는데, 날짜를 잘못 알았지 뭐야. 혼자 한참 화내며 기다렸거든."

주은이가 보조개가 쏙 들어가게 웃으며 말했다.

"그럴 수도 있지. 나도 가끔 그래."

"정말? 아니야. 난 진짜 심각해. 축구시합도 깜박 잊고 있었다가 결국 우리 반이 졌잖아."

"아, 그거? 그땐 좀 안타깝더라. 네가 있었다면 그렇게 쉽게 안 졌을텐데."

갑자기 얼굴이 화끈 달아올랐다.

"너 축구하는 거 보러 왔었어?"

"그럼. 잊어버리지 않으려고 수첩에 메모까지 해두었는걸?"

나는 깜짝 놀랐다.

"메모까지 했다고?"

"너도 자꾸 잊어버리면 메모를 해. 그럼 잊어버리지 않을걸?"

주은이와 헤어지고 집으로 돌아오는 내내 주은이가 축구시합을 보러 왔다는 말이 떠올랐다. 그러자 헤벌쭉 입꼬리가 올라갔다.

"천재 아들, 좋은 일 있었어?"

"좋은 일은……. 아무 일도 없어."

대답은 그렇게 했어도 벌어진 입이 다물어지질 않았다.

"수상한데……. 뭔가가 있는 거 같은데? 엄마도 같이 좋아하면 안 될까?"

나는 대답대신 물었다.

"엄마, 여자는 좋아하는 남자한테 관심을 갖지?"

"그렇지. 우리 천재를 좋아하는 친구가 있는 거야?"

"아니, 아니야. 그냥. 그냥 물어본 거야."

나는 뭔가 엄마한테 들킨 것 같아 부끄러워 얼른 내 방으로 들어왔다.

메모왕의 한마디

거스 히딩크 감독을 아나요? 2002년 월드컵 때 우리나라를 4강으로 이끈 감독이지요. 꿈을 현실로 이루어낸 그 성공 리더십의 비밀은 바로 메모습관이라고 해요.

처음 우리나라 선수들의 실력은 형편없었다고 해요. 하지만 히딩크 감독은 선수들의 경기를 반복해 보면서 선수 개인의 특징을 메모하며 이해하고, 그에 맞는 훈련을 지시했어요. 운동장에 있는 시간이 많았던 히딩크 감독은 휴대용 녹음기를 적극 활용했어요. 선수들을 지휘하면서 느끼는 점을 바로 메모했고, 샤워를 하다가도 좋은 생각이 떠오르면 그 자리에서 바로 메모를 했어요.

이런 끊임없는 노력과 철저한 준비는 대한민국 역사상 첫 월드컵 4강 진출이라는 놀라운 결과를 만들었어요. 만약 히딩크 감독이 아무 준비 없이 선수들에게 훈련만 강요했다면 이런 좋은 결과는 나오지 않았을 거예요.

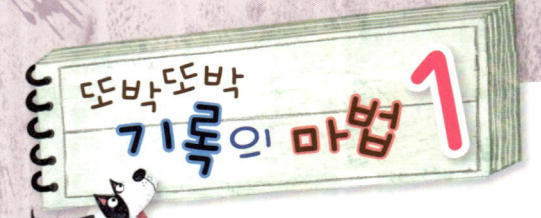 

세상을 바꾼 위인들의 메모습관

UN 사무총장 반기문

어릴 적부터 메모를 열심히 했던 반기문은 늘 수첩과 필기구를 지니고 다니면서 떠오르는 생각을 수시로 메모했다.

다산 정약용

500권이 넘는 엄청난 양의 책을 집필한 정약용은 책을 읽으면서 중요한 부분에 밑줄을 치고, 밑줄 친 부분을 모아 자신만의 책을 만들어 공부했다.

알버트 아인슈타인

전화번호를 묻는 기자에게 아인슈타인은 수첩을 뒤져 집 전화번호를 알려줬다. 아인슈타인은 자신의 두뇌를 꼭 필요한 데만 쓰기 위해 모든 것을 메모했다.

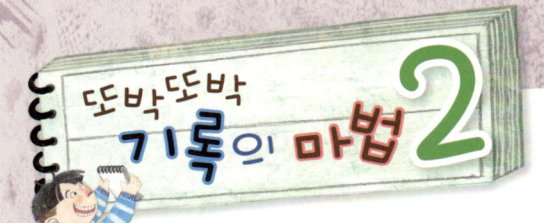  

메모는 습관이다

❶ 어릴 때부터 메모습관을 들인다
메모습관은 평생 동안 좋은 습관으로 자신을 성장시키는 원동력이 될 수 있으므로 빨리 몸에 익히도록 한다.

❷ 지금 당장 작은 수첩을 준비한다
보고, 듣고, 생각하면서 새로 알게 된 것을 메모하다 보면 사고력과 창의력 발달에 도움이 된다. 언제든 메모할 수 있도록 준비를 한다.

❸ 중요한 메모는 눈에 띄는 곳에 붙인다
메모하는 것만으로 끝나면 의미가 없다. 반드시 실천하는 것이 중요하다. 늘 기억하고 실천할 수 있도록 잘 보이는 곳에 붙인다.

❹ 메모를 정리한다
여기저기 메모를 하다 보면 낙서장이 될 수 있다. 중요한 메모와 필요 없는 메모를 정리해 한눈에 필요한 내용을 찾을 수 있도록 정리한다.

첫 번째 메모를 하다

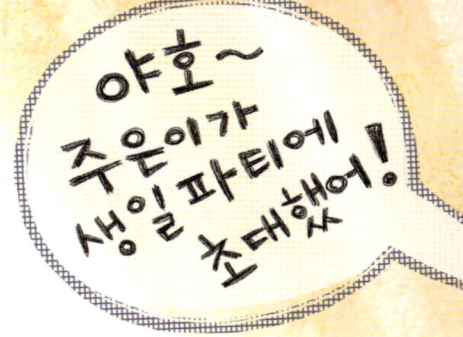

책상에 앉자마자 컴퓨터를 켰다. 주은이가 메일을 보냈다고 했기 때문이다.

<초대장>

메일 제목이 초대장이다. 가슴이 쿵쾅거렸다.

> 박주은의 생일 파티에 친구 안천재를 초대합니다.
>
> 시간: 이번 주 금요일 오후 5시
>
> 장소: 학교 앞 키다리 방방
>
> 꼭 올 거지? *^^*

"야호!"

벌써부터 기분이 들떠 문을 열고 뛰쳐나가 엄마에게 소리를 질러댔다.

"엄마, 절대 잊으면 안 되는 약속은 어떻게 기억해요?"

"적어놓으면 되지."

"적는다고요? 어디에요?"

"글쎄. 엄마는 주로 거실에 있는 달력에 적어놓는데."

엄마 말에 나는 쪼르르 달력 앞으로 갔다. 엄마 말대로 거실 달력에는 엄마의 약속들이 빼곡하게 적혀 있었다. 나는 엄마가 적어

놓은 메모들 사이에 빨간 색연필로 이번 주 금요일에 크게 동그라미를 그렸다.

'주은이 생일'

흐뭇한 표정을 짓는 그때, 머리 위로 별이 번쩍했다.

"안천재, 누가 엄마 달력에 낙서하래!"

난 뒤통수를 만지고는 씩씩대며 말했다.

"낙서 아니에요. 이번 주 금요일이 저한테 얼마나 중요한 날인데요."

그러자 엄마는 황당한 표정으로 말했다.

"너한테 중요하지 엄마한테 중요하니? 네 책상 위에도 달력 있잖아. 네 약속은 네가 관리해."

"아, 무슨 엄마가 아들이 메모 좀 했다고 폭력을 써요?"

내 말이 끝나기 무섭게 엄마는 코웃음을 쳤다.

"이봐요, 안천재 씨. 폭력이라니요? 고상한 엄마에게 무슨 그런 못된 말버릇이지? 그럼 정말 폭력이 뭔지 보여줄까?"

엄마가 저렇게 말할 때는 재빨리 자리를 뜨는 게 최고다.

메모왕의 한마디

메모는 요점을 간략히 적어두는 일 또는 그렇게 적은 글을 말해요. 그렇다면 우리가 메모를 하는 이유는 무엇일까요? 알림장을 쓰거나 달력에 약속을 표시하고, 알람을 지정하는 이유도 바로 잊어버리지 않기 위해서지요.

지켜야 할 계획이나 누군가와의 약속 등 앞으로 '내가' 해야 할 행동을 적어두는 것이 큰 의미의 메모랍니다. 지금은 기억하고 있더라도 머릿속에만 저장하면 매일 밀려들어오는 수많은 정보와 지식으로 묻혀 정작 중요한 내용을 잊어버릴 수 있어요.

뇌는 사용할 수 있는 용량이 정해져 있어요. 그 용량이 넘치면 저장되어 있었던 내용들이 잊혀지게 돼요. 메모를 하면 굳이 기억하지 않아도 되니 뇌를 비우기 위해 메모를 하는 것이기도 해요. 즉 메모는 너무 많은 잡다한 정보를 기억하는 데 머리를 쓰지 않도록 도와주는 것이랍니다.

메모, 어떤 때 해야 할까?

❶ 잊어버리지 말아야 할 약속

다른 사람 또는 나 자신과 한 약속을 적는다. 어떤 약속이든 한번 한 약속은 잊지 말고 지켜야 한다.

❷ 새로운 생각을 기록할 때

새로운 생각이 떠오를 때마다 자세하게 적는다. 많은 내용들이 모여 획기적인 것이 만들어질 수도 있다.

❸ 내 감정을 정리할 때

우울하거나 기분이 좋지 않을 때 현재 내 감정에 관해 생각나는 대로 적는다. 그러다 보면 우울한 이유를 찾을 수 있다.

❹ 추억을 남기고 싶을 때

체험이나 가족여행 등 소중한 추억을 메모하면 언제든 그때의 기억을 다시 떠올릴 수 있다.

❺ 목록이 필요할 때

마트에 가서 물건을 사야 할 때, 어떤 일을 준비할 때 등 해야 할 일을 미리 메모하면 빠트리는 것 없이 준비할 수 있다.

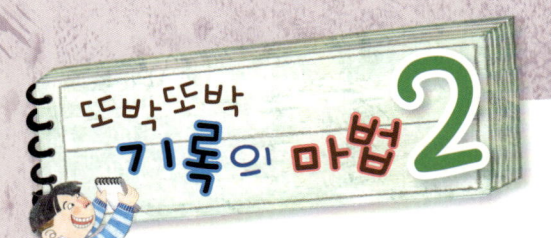

메모, 어떻게 해야 할까?

❶ 언제 어디서든 한다

항상 수첩이나 메모장을 가지고 다니며 생각이 떠오를 때마다 메모한다.

❷ 글씨를 예쁘게 쓰지 않아도 된다

메모는 나만 알아볼 수 있게 요점만 확실하게 적으면 된다. 색색의 펜으로 꾸미거나 글씨를 예쁘게 쓰려다 생각을 놓치면 안 된다.

❸ 중요한 생각은 눈에 띄게 표시한다

특히나 중요한 내용은 다른 메모들에 묻히지 않도록 밑줄을 긋거나 별표 등으로 중요함을 표시한다.

❹ 정리해 보관한다

시간이 지난 메모라도 버리지 않고 주제별로 정리해 모아두면 자신만의 자료창고가 되어 유용하게 사용될 수 있다.

❺ 재활용한다

지난 메모를 다시 읽다 보면 그 내용을 바탕으로 새로운 아이디어를 얻을 수 있고, 자신의 생각을 정리할 수도 있다.

메모는 왜 중요할까?

딩동~.
휴대폰 메시지 수신음이 들렸다.

> 천재야, 너 사포 있냐? 없으면 사러 가자.

진원이다. 사포? 사포가 왜 필요하지?

아, 맞다. 내일 미술 준비물이 엄청 많았다. '집에 가다 사야지' 하고는 줄줄 외웠는데, 그새 깜빡하고 그냥 집으로 온 거다. 적었다면 잊어버리지 않았을 텐데……. 막상 나가려니 귀찮았다. 마녀 담임 선생님한테 걸려 복도에 서 있지 않으려면 얼른 나갔다 오는 게 신상에 좋다.

"엄마, 나 진원이랑 미술 준비물 사러 가요."

운동화를 질질 끌고 밖으로 나왔다. 머릿속은 온통 주은이 생일 파티로 가득했다. 문구점에 간 김에 주은이 생일 선물을 살까 하는 생각이 들었다. 돈을 얼마나 가지고 나왔는지 보려고 주머니에 손을 넣었다. 짤랑짤랑. 아무리 휘저어도 동전 부딪히는 소리 밖에 나지 않는다.

"아, 서랍 속에 있는 용돈 안 꺼내왔다."

진원이의 잔소리가 1미터는 이어질 거 같다.

메모왕의 한마디

메모를 하면 어떤 점이 좋을까요? 바로 나만의 정보 창고를 가질 수 있는 거예요.

머릿속에 떠오른 수많은 생각들은 순식간에 사라지고 말아요. 아무리 획기적이고 뛰어난 생각이라도 머릿속에만 머무르게 된다면 사라지는 건 1시간이면 충분해요. 하지만 떠오른 생각을 열심히 메모해놓으면 몇 년 전 했던 나의 생각이 지금 새로운 기회가 될 수도 있어요.

또 다른 효과는 자신만의 성취감을 얻을 수 있다는 점이에요. 메모를 하면 하루 일과나 해야 할 일들이 한눈에 정리될 수 있어요. 그걸 바탕으로 해야 할 일들을 이루고 나면 해냈다는 성취감과 자신감을 얻을 수 있어요.

무엇보다 가장 큰 효과는 공부에 자신감이 붙는다는 거예요. 메모가 습관이 되면 공책 필기는 물론 수업 중에 꼼꼼한 메모로 이어져 학습태도를 높여 성적을 올릴 수 있답니다.

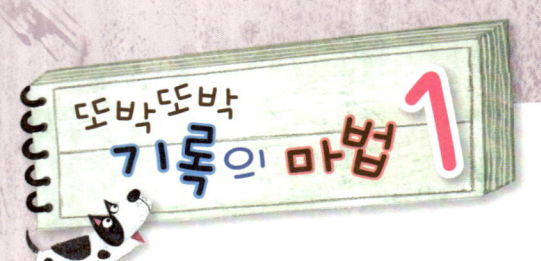 

기억력을 높이는 방법

❶ 무조건 다 외우지 않는다
기억력은 용량이 정해져 있다. 너무 많은 걸 기억하려 하기 보다는 꼭 필요한 것만 기억하도록 한다.

❷ 먼저 이해한다
무조건 내용을 달달 외우기보다는 의미를 이해하고 기억하는 것이 더 오래간다.

❸ 이미지화한다
기억해야 할 정보를 이미지로 만들어 기억하면 더 오래 기억할 수 있다.

❹ 반복해서 외운다
자주 반복해서 외우다 보면 뇌의 해마가 자극되고, 이 자극은 신경세포가 연결되는 부위인 시냅스를 강화해 기억력을 높여준다.

❺ 메모습관이 몸에 배게 한다
기억력은 한계가 있다. 생각이 떠오를 때마다 메모를 해서 습관이 되도록 한다.

❻ 충분히 자고, 적당히 운동한다
규칙적인 운동으로 뇌세포에 신선한 산소를 공급하고, 충분한 수면으로 뇌가 무리하지 않도록 한다.

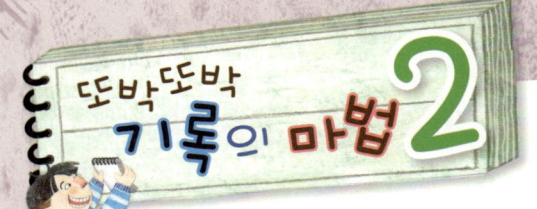

무엇을 메모해야 할까?

❶ 학교생활에 꼭 필요한 일

숙제, 준비물 등 학업에 필요한 모든 내용을 적는다.

❷ 지켜야 할 약속

어떤 약속이든 약속은 꼭 지켜야 한다.

❸ 공부에 도움이 되는 내용

영어 단어나 숙어, 모르는 국어 단어, 꼭 알아야 할 수학 공식, 사회 용어 정의 등 암기할 것 등을 적는다.

❹ 수업 시간에 이해하지 못한 부분

공부를 하다가 모르는 부분을 적어놓았다가 질문을 할 때 사용한다.

❺ 나의 결심이나 앞으로의 계획 등

좌우명 등을 크게 적어놓으면 마음을 다잡는 데 도움이 된다.

❻ 대표적인 시사 뉴스

신문이나 뉴스에서 크게 다루는 내용을 적어놓으면 자료로 쓰기 좋다.

2장

메모, 어떤 걸 해야 하는 거야?

어디든 메모만 하면 되지

드디어 금요일 아침, 주은이 생일 파티에 갈 생각에 밤잠을 설쳤다. 학교 가는 발걸음이 깃털처럼 가벼웠다.
"안천재! 이따가 4시에 운동장에서 보자."
순간 뭔가가 내 뒤통수를 꽝 하고 쳤다.
"아, 맞다. 축구시합!"
진원이가 나를 보며 소리를 질렀다.
"너 또 까먹은 거야? 나도 이제 정말 몰라. 네가 알아서 해!"
진원이는 씩씩거리며 혼자 가버렸다. 저 정도면 진짜 화가 난 거다. 나는 얼른 진원이를 따라 교실로 들어갔다.
"윤진원. 이야기 좀 하자."

진원이는 내 말에 대답도 하지 않았다.
"정말 미안해."
나는 진원이와 복도로 나왔다.
"진원아, 나는 네가 화내는 게 정말 싫어."

"야, 그걸 말이라고 하냐? 내가 그냥 화 내? 너 때문에 고민이다."

"나도 내가 고민이야."

심상치 않은 내 표정에 그제야 진원이도 내가 진심으로 고민하고 있다는 걸 알아주는 것 같았다.

"너 안 적어놨어?"

"적었지. 그날 너한테 혼나고 바로 종이에 적어놨어. 그런데 적어놓은 종이를 잃어버렸어."

순간 진원이는 황당한 표정을 짓더니 이내 웃음을 터뜨렸다.

"어이가 없다. 그래도 메모라도 했다니 애썼다."

"그치? 나도 노력했는데, 이렇게 된 거니까 네가 이해해주라."

"알았다, 알았어. 다음부터는 메모지 잊어버리지 마!"

진원이도 엄마처럼 메모 타령이다.

"알았어. 이제 절대 안 잊어버릴게."

진원이와 나는 서로 교실에 먼저 들어가려 어깨 싸움을 하며 깔깔거렸다.

메모왕의 한마디

성공한 사람들에게 자신의 성공 비결을 물으면 대부분 메모습관을 이야기해요. 이들은 항상 작은 수첩을 지니고 다니며 생각이 떠오를 때마다 빠짐없이 적고, 메모지가 없을 때에는 보이는 모든 것을 이용해 메모를 했어요.

메모할 때에는 글씨를 예쁘게 쓰거나 칸에 글자를 맞추지 않아도 돼요. 어떤 내용인지 나만 알아볼 수 있으면 돼요. 하지만 가장 중요한 건 메모를 하는 것으로 끝내는 게 아니라 꼭 확인해야 한다는 거예요. 포스트잇에 적은 메모는 다이어리나 수첩 등에 붙여놓거나 책상 앞에 붙여놓고 잃어버리지 않도록 주의해야 해요.

메모하는 방법에는 정답이 없다고 했지요? 메모습관을 들이기 위해서는 자신의 성격에 맞는 메모방법을 선택해야 해요. 다른 사람에게 좋다고 해서 나에게 맞는 방법은 아니기 때문에 꾸준히 메모하는 습관을 통해 신중하게 선택하는 게 좋아요.

어디에 메모할까?

◆ **작은 수첩 사용하기**

메모는 생각이 떠오른 그 순간에 해야 하기 때문에 휴대하기 쉬운 작은 수첩을 이용해 언제든 메모할 수 있도록 한다.

◆ **포스트잇 사용하기**

떼고 붙이기 편한 포스트잇은 약속이나 계획처럼 특정 시간이 지나면 필요 없는 메모를 적을 때 좋다. 단어를 외울 때도 좋다. 단, 쉽게 떨어질 수 있어 중요한 내용은 적지 않는다.

◆ **스마트폰이나 녹음기 사용하기**

스마트폰을 사용하고 있다면 메모와 관련된 애플리케이션을 다운받거나 녹음 기능을 사용하여 메모하면 따로 수첩을 챙기지 않아 편리하다.

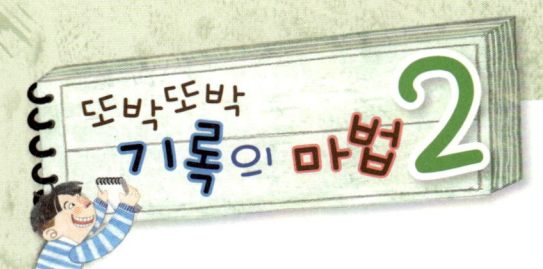

어떻게 메모할까?

① 일반 메모

8월 7일
제목 : 창문 청소기
손이 닿지 않아 닦기 힘든 창문을 열고 닫으며 닦을 수 없을까? 창문 틈에 스펀지가 달린 막대를 달아보면 어떨까?

② 약속 메모

희재와의 약속
날짜 : 이번 주 토요일 10시
장소 : 한양문구 앞
내용 : 희재와 놀이동산에 놀러 가기로 함

③ 새롭게 알게 된 정보 메모

<초등 교과 100>, 조영경 저, p124, 파란정원 출판사
아프리카 킬리만자로 산은 세계에서 가장 큰 휴화산으로 해발 5,895m 최고봉에는 흰 눈이 덮여 있다. 이유는 지구 복사 에너지가 적게 도달하기 때문이다.

④ 다른 사람에게 전달할 메모

부재 중 전화
전화 온 시간 :
　　20일 오후 4시 20분
전화 건 사람 : 친할머니
용건 : 안부 전화
★ 다시 전화하신다고 함

이제부터는 나도 메모할 거야

"그런데 뭐가 문제야? 지금이라도 생각났으면 됐잖아."

진원이는 천재의 얼굴을 쳐다보며 무슨 문제냐는 표정이었다. 천재는 입술을 달싹거리기만 할 뿐 쉽게 말을 못했다.

"그, 그게 내가 주은이 좋아하는 거 알지?"

"박주은? 알지. 오래 전부터 좋아했잖아."

"사실은 며칠 전에 주은이가 생일 파티에 초대했어. 무척이나 좋아서 무조건 간다고 했는데, 그날이 바로 오늘이야."

"뭐?"

진원이가 어이없다는 듯한 표정을 지었다. 그러고는 주머니에서 수첩을 꺼내며 말했다.

"난 그냥 아는 줄 알아? 이렇게 적어놓고 자주 확인하니까 외우는 거잖아. 아, 진짜 친구만 아니면……."

진원이가 보여준 수첩에는 굵은 글씨로 '금요일 축구시합'이라고 적혀 있고, 그 위에 빨강 색연필로 동그라미가 그려져 있었다. 축구시합을 아주 중요한 일처럼 적어놓은 진원이의 수첩을 보자 미안한 마음에 괜스레 진원이에게 화를 냈다.

"아, 됐어! 내가 축구선수 될 것도 아니고, 그깟 골키퍼 안 해!"

막상 말은 그렇게 했지만 수업이 끝나갈수록 마음이 조급해졌다. 주은이한테 솔직히 말하려고 몇 번이나 엉덩이를 들썩였다. 그러다 결국 책상에 얼굴을 박고 말았다.

"천재야."

고개를 들었더니 눈앞에 주은이가 서 있었다.

"진원이한테 이야기 들었어. 진작 말하지 그랬어. 난 괜찮으니까 축구시합 가. 넌 우리 반 대표잖아."

어리둥절한 얼굴로 내 귀를 의심했다.

"정말? 그래도 괜찮아?"

"괜찮아. 나도 애들이랑 같이 가서 응원할게."

"정말? 꼭 와! 꼭."

"대신 다음부터는 중요한 약속은 꼭 적어놓고 어기면 안 돼!"

"알았어. 내가 당장 뭐든지 다 메모한다. 진짜!"

그날 나 안천재의 눈부신 선방으로 2대 0, 우리 반이 이겼다. 역시 난 타고난 골키퍼다.

메모 왕의 한마디

메모는 내가 가장 잘할 수 있는 방법으로 하는 게 좋아요. 하지만 아직 초등학생인 여러분들에게는 연필로 하는 손 메모가 가장 좋아요.

손을 사용할 때마다 뇌가 더 많은 생각을 한다는 연구 결과도 있으니 컴퓨터나 스마트폰보다는 손으로 직접 쓰는 메모 방법을 선택했으면 좋겠어요.

공부를 할 때 잘 외워지지 않는 부분을 공책에 쓰면서 외우면 더 잘 외워졌던 경험이 있을 거예요. 손으로 쓰다 보면 그만큼 뇌가 더 활성화되기 때문이에요. 게다가 꾸준히 메모를 하다 보면 글 쓰는 실력이 늘어 수업 중 공책 필기나 자신의 의견을 정리하는 데도 도움이 된답니다.

기발한 생각은 언제든 떠오를 수 있어요. 특히 잠들기 전 편안한 상태나 꿈을 통해 생각을 얻기도 하는데, 그럴 때를 대비해 머리맡에 수첩이랑 연필을 놓고 자는 것도 좋겠지요?

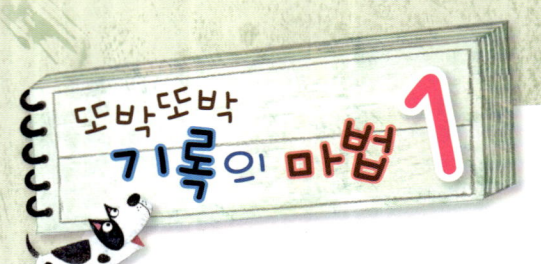

수준에 따른 메모 3단계

1단계 무조건 쓰기

메모 방식을 정하기보다 일단 메모할 내용을 무조건 써본다. 쓰다 보면 어떤 메모가 정말 중요한지 알 수 있게 되고, 내가 어떤 분야에 관심이 많은지도 알게 된다.

2단계 전문적인 방법 사용하기

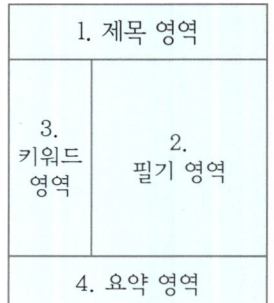

코넬 노트법을 사용해 체계적으로 메모를 한다.

❶ 제목 영역: 제목을 적는다.
❷ 필기 영역: 자세하게 내용을 적는다.
❸ 키워드 영역: 가장 핵심이 되는 단어를 적는다.
❹ 요약 영역: 메모한 내용에 대한 느낌이나 생각을 정리한다.

3단계 내용을 세분화하기

메모에 익숙해지면 내용을 세분화하여 정리한다. 과목별 또는 주제별로 나누거나 자신의 목표에 필요한 공책을 만들어 분류한다.

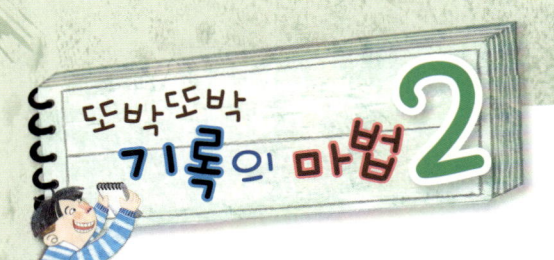  

나만의 메모 노하우를 만들기

❶ 핵심 단어 이용하기
핵심 단어를 이용해 내용을 표현하면 쉽고 빠르게 메모할 수 있다. 간단하지만 내용을 떠올리기에 충분하다.

❷ 그림 이용하기
글로 설명하는 것보다 그림 한 컷으로 설명되는 경우가 있다. 잘 그리는 것보다는 메모하려는 내용의 핵심이 잘 드러나게 그린다.

❸ 마인드맵 이용하기
설명이 길게 이어져 한눈에 이해하기 어려울 때가 있다. 그럴 때는 마인드맵을 이용해 메모하면 쉽게 정리할 수 있다.

❹ 나만의 기호 만들기
메모는 나만 이해하면 된다. 자주 쓰는 단어나 문구 등 자신만의 기호를 만들어 사용하면 편하고 빠르게 메모할 수 있다.

메모지보다 수첩이 더 낫네

매번 진원이와의 약속을 어기는 것도 싫고, 더 이상 잊는 것도 스스로 용서가 되지 않았다. 그래서 이제부터 뭐든지 메모를 하기로 했다. 그러다 보니 내 책상 위는 말할 것도 없고, 방 구석구석까지 메모지로 가득 찼다.

"엄마, 포스트잇 좀 사 주세요."

"뭐? 지난주에 사준 걸 벌써 다 썼단 말이야?"

엄마는 기가 막힌다는 표정으로 쳐다봤다.

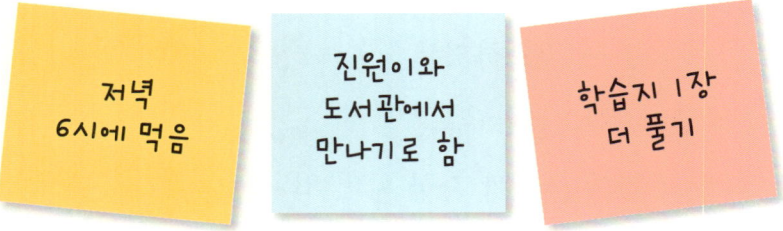

그런데 메모를 해도 잊어버리는 건 똑같았다. 메모만 하면 다 기억할 수 있는 게 아닌 걸까?

"안천재, 너 방 안 치울래? 엄마가 전부 다 쓰레기통에 버릴까? 어떻게 할래?"

엄마가 드디어 폭발을 했다.

"알았어요. 이번 주 안에 치울게요."

엄마의 잔소리를 피해 잽싸게 집을 나왔다. 잔소리가 엘리베이터 앞까지 따라왔다.

빌린 책도 반납할 겸 진원이와 도서관에서 만나기로 했다. 한쪽 구석에 진원이가 자리를 잡고 앉아 있었다. 진원이는 책을 많이 읽는다. 사실 나랑 만나는 시간 빼고는 거의 도서관에 있다. 그래서 별명도 '책벌레'다. 아는 것도 많지만 가장 중요한 건 착하다는 거다. 그런 친구를 화나게 했으니 미안할 뿐이다.

"천재 왔구나. 너 웬일이야? 약속 시간도 안 까먹고?"

"그만 해. 자꾸 미안하게……. 책 읽는데 수첩은 왜 펴 놨어?"

"이거? 메모할 때 필요하거든."

"책을 보면서 메모를 한다고?"

"응. 그냥 종이에 하니까 자꾸 잃어버리더라고."

나만 메모지를 잃어버리는 게 아니라는 생각에 역시 진원이는 내 친구라는 생각이 들었다.

메모왕의 한마디

메모 도구로 가장 손쉽게 선택할 수 있는 것이 바로 수첩이에요. 주머니에 들어갈 정도의 작은 수첩과 필기도구도 준비해요. 순간적으로 떠오른 생각이나 스쳐 지나는 것들을 메모하려면 항상 몸에 지니고 있는 게 좋아요.

내가 좋아하는 스타일이나 원하는 디자인의 수첩을 선택하면 더욱 오랫동안 메모습관을 유지할 수 있어요. 만약 줄 간격이 좁은 걸 싫어하는데 줄이 촘촘한 수첩을 선택했다면 그 수첩을 자주 꺼내지 않을 거예요. 글씨를 쓰는 것보다 그림이나 마인드맵을 주로 그린다면 줄이 없는 수첩을 선택하는 것이 좋겠지요.

항상 같은 형태의 수첩만을 쓰는 경우도 있고, 같은 펜만 선택하는 경우도 있어요. 어떤 선택이든 가장 중요한 것은 자신이 만족감을 느끼는 것이랍니다. 자신이 만족해야 계속 몸에 지닐 수 있고, 언제든지 꺼내 사용할 수 있으니까요.

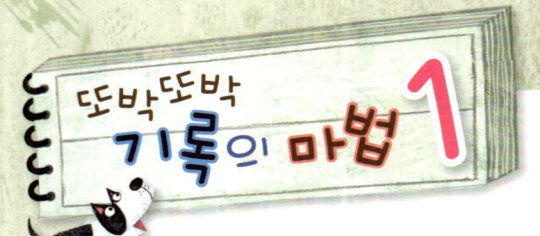 

어떤 수첩이 좋을까?

주머니에 넣을 수 있는 크기가 좋다
언제든지 꺼내서 메모할 수 있도록 몸에 지닐 수 있는 작은 크기의 것이 좋다.

너무 독특한 것은 피한다
캐릭터 상품 등은 쉽게 질릴 수 있기 때문에 꾸준히 구입할 수 있는 것으로 선택한다.

같은 종류의 수첩을 고른다
표지에 해당 연도와 월을 적어두거나 일련번호를 매겨서 관리하면 정리가 쉽다.

마음에 드는 것으로 신중하게 선택한다
1년 이상 쓰겠다는 생각으로 색상, 형태, 구성 등을 꼼꼼하게 살펴보고 선택한다.

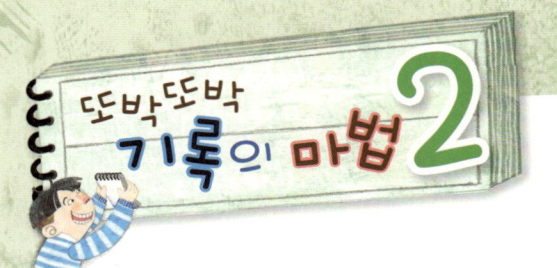

이것도 메모라고?

❶ 메모 일기

메모를 이용해 하루를 정리하는 것도 좋은 방법이다. 짧지만 필요한 내용으로 그날의 기록을 남긴다.

❷ 일일 스케줄 메모

매일 아침 그날 꼭 해야 할 일들을 메모하면 약속을 지킬 수 있다.

❸ 쇼핑 메모

꼭 필요한 물건들을 적고, 금액을 적으면 필요 없는 물건을 사지 않게 되고, 용돈기입장을 정리할 때도 좋다.

❹ 대화 메모

부모님께 하고 싶은 말을 적어 눈에 잘 띄는 곳에 붙여 놓으면 자연스럽게 부모님과 대화를 할 수 있고, 답장도 받을 수 있다.

❺ 독후감 메모

책을 읽으며 느낀 점이나 기억에 남는 문장을 메모해 두면 기억에 오래 남는다. 적어놓은 메모를 연결하면 독후감을 쉽게 쓸 수 있다.

메모도 정리한다고?

진원이와 메모에 대해 이야기를 하고 있는데, 단발머리를 팔랑거리며 주은이가 다가왔다.

'역시 내가 좋아하는 주은이는 책도 좋아하는구나.'

도서관에서 주은이를 만나니 더 반가웠다.

"얘들아, 안녕. 무슨 이야기해?"

나는 저절로 입가에 미소가 지어졌다.

"천재 이야기하고 있었어. 이제 안 까먹기 위해서 메모를 열심히 하고 있는데, 여전히 잘 까먹는데."

진원이 이야기에 주은이도 고개를 갸우뚱했다.

"그래? 이상하다. 잘 적었으면 그럴 리가 없는데. 왜 그럴까?"

"그렇지? 정말 이상하지? 나 정말 메모 잘하거든. 이제 뭐든 안 까먹으려고."

옆에서 생각에 빠져 있던 진원이가 물었다.

"메모한 거 정리는 하냐?"

"정리? 아니. 메모도 정리해야 하는 거야?"

주은이와 진원이는 마주 보며 웃었다.

"메모만 하면 당연히 기억이 안 나지."

진원이가 정리 방법을 알려준다며 같이 우리 집으로 가기로 했다. 주은이도 함께. 집으로 가는 발걸음이 이렇게 가벼울 때가 있었나 싶었다.

집에 도착해 방으로 들어선 순간, 진원이와 주은이는 외마디 소리를 질렀다. 아, 맞다. 내 방은 온통 메모투성이었지.

"야, 이게 다 뭐야!"

"그래서 내가 물었잖아. 메모를 어떻게 해야 하냐고. 나 정말 열심히 메모했거든. 그동안 많이 까먹은 거 만회하려고. 그런데 뭔가 이상해."

마음을 가라앉히고 주은이가 차근차근 말했다.

"천재야. 무조건 메모를 한다고 끝나는 게 아니야. 필요한 메모와 필요하지 않은 메모를 정리해서 제대로 머릿속에 넣어야지."

"아, 메모도 복잡하구나."

무조건 메모를 하기만 했지 메모를 정리해서 꼭 필요한 것은 남겨두고 버릴 것은 버려야 한다는 걸 몰랐다. 그래서 내 방은 온통 메모지로 도배되었고, 사고 또 사도 포스트잇이 부족했던 것이다.

"이렇게 중요한 걸 진작 가르쳐줬어야지. 메모라는 걸 처음하는 내가 그걸 어떻게 알아!"

오히려 내가 큰소리를 치자 진원이와 주은이가 마주보며 한참을 웃었다.

메모왕의 한마디

간혹 메모를 열심히 하는데 여전히 잘 잊어버리고, 달라지는 게 없다고 말하는 친구들이 있어요. 하지만 메모를 하는 것으로 모든 걸 다 기억할 수는 없어요. 메모를 한 다음 주기적으로 메모들을 정리해야 메모의 효과를 볼 수 있어요.

메모는 순간순간 생각난 것들을 적는 것부터 수업 시간에 선생님 말씀을 적어두는 것까지 다양하게 활용할 수 있어요. 필요한 내용을 메모한 다음 반드시 매일 하루 10분 정도 시간을 내어 갖고 있어야 할 메모와 버려야 할 메모를 구분해서 정리해야 해요. 일기를 쓰면서 하루 일과를 정리할 때 메모도 같이 정리를 하는 것도 좋은 방법이에요.

어떤 일이든 뒤로 미루면 양이 많아져 힘들게 되지만 매일매일 정리를 하다 보면 짧은 시간 안에 해결할 수 있어 힘들이지 않고 정리가 가능하답니다.

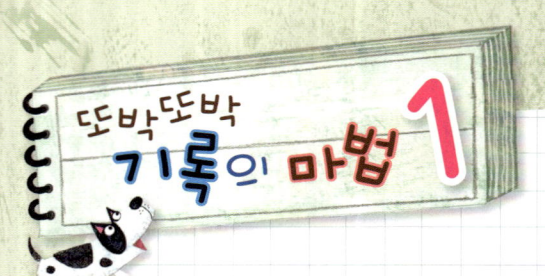 

차근차근 메모 정리하기

❶ 매일 10분, 그날그날 메모 정리하기

정신없이 적은 메모들은 내용이 금세 잊혀진다. 그럴 때를 대비해 일정한 시간을 정해 그날의 메모를 정리한다.

❷ 중요한 메모는 다시 붙여놓거나 수첩에 옮겨 적기

오랜 시간이 지났거나 이미 실행한 메모는 버리거나 지우고, 앞으로 실행해야 할 메모는 수첩이나 달력에 옮겨 적는다.

❸ 배경지식이 되는 메모는 크게 적어 붙이기

책이나 신문 등에서 알게 된 새로운 정보는 눈에 잘 띄는 곳에 붙이거나 분야별로 정리해두면 지식을 쌓는 데 도움이 된다.

❹ 잊지 말아야 할 약속은 알람 설정하기

시간 약속은 달력에 적어두어도 간혹 잊을 수 있다. 그럴 때를 대비해 스마트폰의 알람 기능을 이용하면 잊지 않을 수 있다.

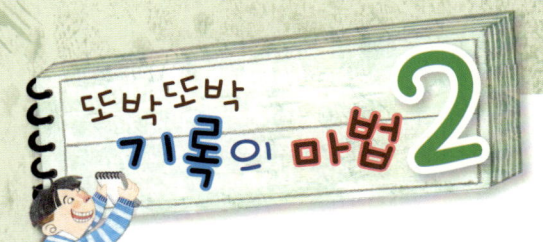

나의 메모 수준은 어느 정도일까?

- [ ] 항상 수첩과 연필을 가지고 다닌다.
- [ ] 자주 메모한다.
- [ ] 궁금한 것이나 새롭게 알게 된 것이 있으면 바로 메모한다.
- [ ] 메모할 때 날짜, 장소, 내용을 꼼꼼하게 적는다.
- [ ] 매일 아침 그날 해야 할 일을 메모한다.
- [ ] 시간 약속은 잘 보이는 곳에 두 번씩 적는다.
- [ ] 필요 없는 메모는 바로 버린다.
- [ ] 메모 내용에 따라 메모지를 다양하게 사용한다.
- [ ] 주기적으로 메모를 정리한다.
- [ ] 메모를 통해 새로운 아이디어를 얻는다.

4개 이하 : 아직 메모습관에 익숙하지 않네요. 습관이 될 수 있도록 꾸준한 노력이 필요해요.

5~8개 : 메모의 중요성을 알고 있군요. 조금 더 노력하면 메모의 달인이 될 수 있어요.

9개 이상 : 메모의 달인이군요. 이제 정리된 메모를 내 것으로 만들어 보세요.

주제에 따라 메모 정리하기

깔깔대던 주은이가 방 안을 둘러보며 말했다.

"우리 이 메모들 정리할까?"

"정말? 그렇게 해주면 진짜 고맙지."

방 안 가득 쌓인 메모를 어떻게 정리하나 걱정하던 차에 참으로 반가운 말이었다.

"해주면 저 녀석이 고마운 줄이나 알까?"

진원이는 머리를 긁적이더니 입을 삐죽 내밀며 말했다.

"당연하지. 내가 그 고마움을 모를 사람이냐? 뭐가 필요해? 말만 해. 뭐든 다 준비할게."

벽에 붙어 있는 메모지를 보던 진원이가 빽 소리를 쳤다.

"안천재. 넌 어떻게 메모에 날짜가 하나도 없냐?"

"날짜? 그것도 써야 해? 내용 쓰느라 미처 신경을 못 썼지."

"어유, 할 수 없다. 주은아, 일단 웬만한 건 다 버려라."

바닥에 엎드려 메모를 읽던 주은이는 머리를 숙인 채로 대답했다.

"난 이미 거의 버렸어. 정말 필요한 메모는 별로 없는걸."

주은이의 말에 얼굴이 빨개졌다. 그리고 보니 어떤 메모를 했는

지 기억이 나지 않았다. 그렇게 우리는 한참을 정리했다.

"자, 대충 다 버린 거지?"

주은이 말에 진원이가 대답했다.

"응, 그런 거 같아. 천재야, 네가 한 번 봐야 할 거 같아."

"그래. 진원이 말이 맞아. 버리려는 건 저쪽에 따로 모아뒀어. 네가 마지막으로 확인해줘."

주은이가 메모지 뭉치를 가리키며 말했다.

"그럼 지금부터 주제에 따라 메모를 나누자."

주은이 말에 진원이도 놀란 표정이었다.

"메모를 나누다니? 이게 끝 아니야?"

"메모를 보면 그 사람의 관심사를 알 수 있다잖아. 천재가 역사에 관심이 많은가봐. 역사에 관련된 메모가 많더라고."

"천재가? 역사에 관심이 많은 게 아니라 드라마를 많이 본 거 아니야?"

진원이가 낄낄대며 놀렸다. 순간 무시당하는 느낌이 들어 얼굴이 붉으락푸르락해졌다.

메모왕의 한마디

메모를 하다 보면 하루가 지나기도 전에 수북이 쌓이는 경우가 있어요. 하루 이틀 정리하는 것을 미루다 보면 정리하는 것 자체가 큰 일이 되어버리고 말지요.

메모를 정리할 때는 버릴 것과 보관해야 할 것으로 크게 나눠요. 예를 들어, 오늘 약속을 적은 메모는 오늘이 지나면 버려도 돼요. 오늘 학교에 가져갈 준비물을 적은 메모도 오늘 저녁이 되면 버려야 할 메모예요. 하지만 몇 달 후에 있을 경시대회 관련 메모나 꼭 기억해야 할 공부의 팁, 내가 되고 싶은 꿈과 관련된 자료 등은 보관해야 할 메모이지요.

보관해야 하는 메모들은 주제별로 구분을 해서 보관하면 필요할 때 언제든 사용할 수 있어요. 어떤 주제로 분류할 것인가는 자신에게 적합하게 나누면 돼요. 이렇게 분류하지 않으면 자료 하나를 찾기 위해 모든 메모를 다 살펴봐야 할지도 몰라요.

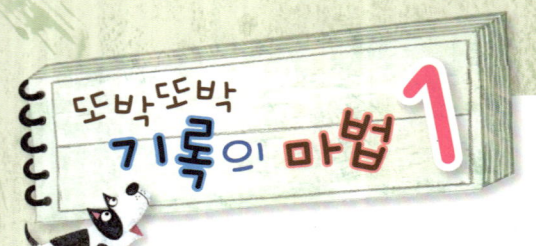 

메모, 어떻게 나눌까?

당장 필요한 메모
눈길이 자주 닿는 책상이나 벽면에 붙이거나 메모판을 이용해 한눈에 볼 수 있게 붙여 놓는다.

보관이 필요한 메모
기억해야 할 중요한 메모는 눈에 보이는 곳에 보관하되 중요도에 따라 색깔 펜을 이용하는 등 중요 메모를 표시한다.

너무 세밀하게 분류하지 않기
세밀하게 분류하다 보면 시간을 낭비하게 된다. 크게 주제를 나누거나 메모 유효기간을 길게 잡는다.

원칙을 정하여 버린다
'3개월 혹은 6개월 정도가 지나면 버린다.' 혹은 '다른 곳에 옮겨 적은 메모는 버린다.' 같은 원칙을 세워 정리한다.

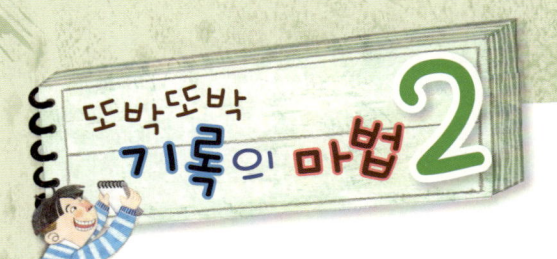  

메모 보관함 만들기

❶ 다이어리 활용하기

여러 개의 다이어리를 준비해 주제별로 메모를 정리한다. 다이어리 겉표지에 주제와 시작 날짜 그리고 마지막 날짜를 적는다. 하나의 다이어리를 사용할 경우 주제별·분야별로 나누어 분류한다.

❷ 메모 상자 사용하기

적당한 크기의 상자 여러 개를 준비해 상자 위에 주제와 날짜를 적고, 메모를 보관한다. 상자 안에 있는 메모도 그때그때 정리한다.

❸ 클리어 파일 이용하기

분류가 가능한 클리어 파일을 이용해 메모를 보관한다. 신문 스크랩처럼 중요한 부분만 메모할 때에는 신문을 복사하거나 인터넷에서 기사를 찾아 프린트해서 모아두면 잘 빠지지 않아 잃어버릴 염려가 없다.

3장

메모 때문에 더 정신이 없어

하루를 정리하는 메모, 일과표

드디어 메모 정리가 끝났다. 깨끗해진 방을 보니 기분이 상쾌하면서도 지친 기색이 역력한 주은이와 진원이에게 미안하고 고마웠다. 주은이와 진원이는 어떻게 하면 메모 정리를 잘할 수 있을지 연구해서 이번 주말, 우리 집에서 다시 모이기로 하고 집으로 돌아갔다.

오후에 나는 문구점에 들렀다. 당장 필요한 공책 두 권과 작은 수첩을 하나 샀다. 좋아하는 색이 3가지나 든 포스트잇도 샀다.

비닐봉지를 부스럭거리며 천천히 걷다 보니 어느새 학교 앞이었다. 4시가 넘은 학교 운동장은 조용했다.

"천재 아니니? 방과 후 수업이라도 남은 거니?"

불쑥 내 옆으로 들려오는 말소리에 화들짝 놀랐다. 앗, 마녀 담임선생님이 아닌가!

"아, 아니요. 문구점에 갔다가 집에 가는 길이에요."

"그래? 그런데 학교에는 왜 왔어?"

나는 잠깐 고민을 했다. 내가 왜 여기 있지?

"선생님. 뭐 하나 여쭤 봐도 돼요?"

"뭐가 궁금한데?"

"메모 정리를 잘하려면 어떻게 해야 해요?"

"메모 정리? 글쎄, 한마디로 말하긴 어려운데……."

"사실은 제가 메모를 열심히 해서 방 안 가득 붙여놨거든요. 그

런데 오히려 더 정신이 없어요. 그래서 다시 깔끔하게 정리하기 위해 공책을 샀는데, 막상 어떻게 정리해야 할지 모르겠어요."

마녀 선생님 입가에 미소가 흘렀다.

"오, 천재. 정말이야? 메모를 했다고?"

"네."

"아주 좋은 습관을 들이기 시작했구나. 그런데 무작정 메모를 하기만 해서는 메모하는 의미가 없어. 매일 메모를 정리해야지."

"매일이요?"

"그래. 기억해야 할 것과 버릴 것을 나눠서 매일 정리해야 꼭 필요한 메모가 눈에 들어온단다. 메모습관을 잘 들이면 공부에도 도움이 되지."

'아싸!'

메모하는 것이 공부에 도움이 된다는 사실에 마음속으로 쾌재를 불렀다.

"천재야, 메모하는 것도 중요하지만 매일 할 일에 대한 계획을 세우는 것도 중요해. 하루 생활계획표를 세워 하루를 생활하면 어떨까?"

하루 생활계획표라……. 나는 당장 집으로 달려갔다.

메모왕의 한마디

하루는 24시간으로 정해져 있어요. 누구에게나 똑같이 주어진 24시간을 어떻게 활용하느냐에 따라 나의 하루가, 나의 일주일이, 나의 한 달이 달라져 나의 미래가 달라지게 됩니다.

주어진 시간을 잘 활용하려면 해야 할 일을 잘 메모했다가 실천함으로써 허투루 보내는 시간이 없도록 해야 해요.

하루를 나눠 보면 24시간 가운데 9시간 이상은 잠을 자요. 그러면 깨어 있는 시간은 15시간 정도지요. 8시쯤 등교해 1시쯤 하교를 한다고 가정했을 때 학교에 있는 5시간을 빼면 10시간. 하루 10시간을 어떻게 채워 나가느냐에 따라 바로 인생의 밑그림이 달라지지요.

매일 반복되는 하루 생활계획표를 만들었다면 아침에 5분 정도 시간을 내어 계획표에 맞춰 해야 할 일을 메모해 보세요. 낭비되는 시간 없는 알찬 24시간이 될 거예요.

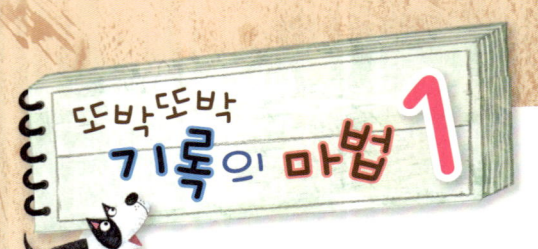

하루 생활계획표를 만드는 6가지 원칙

❶ 그날 꼭 해야 할 일을 중심으로 세운다

하루 생활계획표를 세울 때는 그날 꼭 해야 할 일을 중심으로 세우고, 나중으로 미뤄도 되는 일은 여유 시간에 한다.

❷ 목표 위주로 공부 계획을 세운다

공부 계획을 세울 때는 '수학 문제집 20~24쪽까지 풀기'처럼 구체적으로 계획을 세워야 성취감이 커진다.

❸ 휴식 시간도 계획한다

하루 종일 공부만 할 수는 없다. 친구와 노는 시간과 휴식 시간을 포함해야 홀가분한 마음으로 휴식을 취한 후 다시 공부할 수 있다.

❹ 자투리 시간을 활용한다

쉬는 시간처럼 짧은 자투리 시간이라도 충분히 활용이 가능하므로 간단한 계획이라도 꼭 넣는다.

❺ 끊임없이 점검하고 수정한다

하루 생활계획을 세운 뒤 잘 지켜진 부분과 그렇지 못한 부분을 체크해 끊임없이 재수정을 해나가는 것이 중요하다.

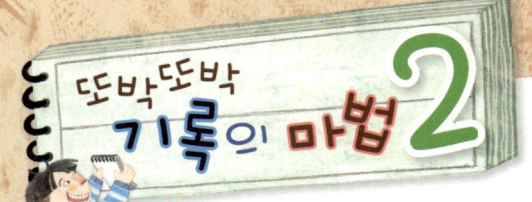

하루 생활계획표 만들기

시간/요일	월	화	수	목	금	토	일
~							
~							
~							
~							
~							
~							

# 이걸 어떻게 하루에 다 해?

삐리리릭, 삐리리릭.

눈이 떠지질 않는다. 알람이 울리는 걸 보니 7시다. 하루 생활 계획표를 만들 때에는 이쯤이야 당연히 잘 지킬 수 있을 거라 생각했는데, 일주일이 지나도록 7시 기상은 적응이 안 된다.

겨우 일어나 책상 앞에 앉아 수첩을 꺼내 메모들을 정리하면서 오늘 할 일을 확인했다. 학원 수업이 3개나 있기 때문에 일주일 중 오늘이 가장 바쁘다.

10월 2일 수요일

<학교 준비물>

5교시 음악시간 - 오카리나

<학원 수업>

2:00~3:00 영어

3:30~4:30 피아노

6:00~7:00 태권도

"천재야, 오늘 오후에 할머니 댁에 잠깐 다녀올래? 오늘 고모부가 오시는데, 엄마랑 할머니는 병원에 가야 하거든."

"네. 문만 열어드리면 되는 거죠?"

3시쯤이라고 하니 영어 학원을 끝내고 잠깐 갔다 오면 될 것 같았다. 오늘의 할 일 중간에 '할머니 댁'이라고 메모했다.

수업이 끝나자마자 진원이가 다가와 말했다.

"안천재, 너 오늘 청소 당번인 거 알지? 대청소라 시간 좀 걸릴 거 같아."

"아이, 하필 내가 청소 당번일 때 대청소냐."

중얼거리며 빗자루를 잡았다. 책상을 앞으로 옮겼다 뒤로 옮겼다, 책꽂이에 있는 책들을 뺐다 넣었다 하며 겨우 청소가 끝나자 내 정신도 다 빠진 거 같았다.

"아, 진짜 힘들다."

시간이 벌써 2시가 되어가고 있었다. 정신없이 영어 학원으로 달려가 수업을 끝내고 피아노 학원 시간에 겨우 맞춰 도착했다. 늦지 않았다는 뿌듯함이 밀려왔다. 기분 좋게 피아노를 치고, 학원 문을 나서다 발걸음을 멈췄다.

"앗! 고모부!"

메모왕의 한마디

하루 안에 해야 할 일들은 무척 많아요. 그래서 미처 마무리를 하지 못하는 경우도 있지요. 인생은 선택의 연속이에요. 아침에 일어날까 말까, 학교를 뛰어갈까 걸어갈까 등 아주 사소한 일상부터 시작해 매순간마다 선택해야 해요.

매일 아침 그날 할 일의 우선순위를 정해두면 결정이 훨씬 쉬워져요. 매일 해야 할 일의 우선순위는 달라질 수 있어요.

내일이 시험이라면 오늘 할 일의 1순위는 공부가 되는 것이죠. 손님이 오더라도 인사만 하고 양해를 구한 뒤 시험공부를 하는 거예요. 중요한 일로 친구를 만나야 한다면 꼭 봐야 하는 텔레비전 프로그램 같은 건 잠시 미뤄두는 것이죠.

처음에는 어떤 일이 우선순위에 해당하는지 결정하기 힘들 거예요. 꾸준히 계획을 세우고 차근차근 실행하다 보면 일의 순서와 중요도가 보이게 되지요. 그러다 보면 빠트리는 일 없는 뿌듯한 하루가 될 수 있어요.

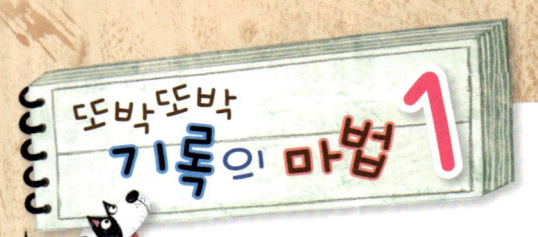

아이젠하워의 시간관리법칙

긴급하고 중요한 일

숙제, 화장실 가기

중요하지만 긴급하지 않은 일

독서, 운동, 자기계발 등

긴급하지만 중요하지 않은 일

심부름

중요하지도 긴급하지도 않은 일

오락, TV 시청, 낮잠 등

해야 할 일의 중요도와 긴급성을 고려하여 우선순위를 정한 다음 순위별로 일을 해나가다 보면 놓치는 일 없이 하루를 의미있게 보낼 수 있다.

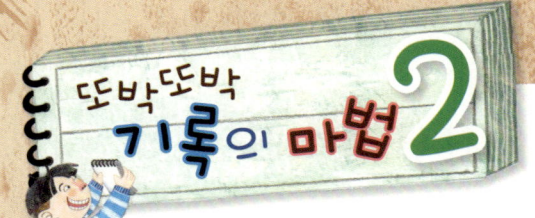

우선순위에 맞춰 계획하기

1단계 해야 할 일이 무엇인지 파악한다
학교 숙제, 학원 수업 등 오늘 꼭 해야 할 일을 파악한 후 실행한다.

2단계 우선순위 기준을 정한다
1순위 급하고 중요한 일, 2순위 급하지는 않으나 중요한 일, 3순위 급하지만 중요하지 않은 일, 4순위 급하지도 않고 중요하지도 않은 일로 기준을 정해 해야 할 일의 순서를 정한다.

3단계 얼마나 걸릴지 시간을 가늠한다
예를 들어, 수학 문제 10개를 푸는데 7분 정도 시간이 걸린다면 30문제를 푸는데 여유 시간을 포함해 30분 정도로 잡으면 된다.

4단계 언제 실천할지 정한다
휴식 시간에 할 수 있는지, 등교 전이나 방과 후 시간에 할 수 있는지 생각해보고 언제 할지 결정한다.

인생은 정리가 필요하지

고모부는 나를 기다리느라 어디 가지도 못하고 1시간도 넘게 밖에서 하염없이 기다렸다고 했다. 정신을 어디다 놓고 다니냐, 어른을 기다리게 하면 되겠느냐며 엄마한테 한바탕 잔소리를 들었다. 분명 아침에 메모를 했는데도 잊고 말았다.

어제 일로 인해 아침부터 풀이 죽어 있는 내게 주은이가 위로의 말을 건넸다.

"천재, 너 요즘 수업 시간에 공부 열심히 하더라."

옆에 있던 진원이도 덩달아 분위기를 띄웠다.

"맞아. 수업 시간에 장난도 잘 안 치더라고."

"그러게. 진짜 대단한걸?"

주은이 말에 잔뜩 움츠려 있던 어깨가 살짝 으쓱해졌다. 뒤에 이어지는 진원이의 한 마디만 빼면…….

"이제 주변 정리만 잘하면 진짜 짱일 거야."

난 진원이 말을 무시하고 주은이와 진원이에게 물었다.

"그런데 얘들아, 메모를 정리해서 수첩에 적기도 하고, 나름 계획도 짜는데 난 왜 잘 안 될까? 여전히 주변은 어수선하고 방 정리할 시간도 없다니까. 너희는 어때?"
"나도 시간이 없는 건 똑같아. 그런데 계속 정리를 하고 계획을 세우다 보면 자연스럽게 계획에 맞게 하루를 보내게 되더라고."
"계획에 맞는 하루? 그게 메모하는 걸로 된단 말이야? 계획 있

게 살라는 말은 매일 귀에 딱지가 앉도록 우리 엄마가 하는 이야기야. 그게 정말 메모만으로 된다고?"

주은이가 웃으며 대답했다.

"당연하지. 그러니깐 너도 할 수 있어. 이제 제법 메모하는 습관이 들었으니까 이제는 매일 하루를 정리해 봐. 방 정리하는 시간도 정해서 꾸준히 하고. 그러다 보면 네 생활습관도 좋아질걸? 정말 일석이조라니까."

아무리 주은이 말이었지만 선뜻 이해가 되지 않았다.

'말도 안 돼. 겨우 메모하는 거 하나로?'

아니나 다를까, 진원이가 말도 안 된다는 표정을 지었다.

"아무리 그래도 그렇지, 메모하는 것으로 습관이 바뀐다고? 못 믿겠어."

"너희가 내 말 믿지 못하는 거 이해해. 나도 직접 해보기 전까지는 못 믿었어. 그건 아마 메모가 나를 바꾸는 게 아니라 메모를 하면서 내가 바뀌어서 그런 거 아닐까?"

여전히 주은이의 말이 알쏭달쏭했다.

메모왕의 한마디

메모를 하는 이유는 기억할 것은 기억하고, 잊을 것은 과감히 잊도록 하는 데 있어요. 그건 결국 시간을 낭비하지 않고 제대로 하루를 보내는 것과도 같지요.

시간을 효율적으로 보내기 위해서 가장 중요한 건 무엇이든 정리를 잘하는 거예요. 메모를 하다 보면 시간을 효율적으로 쓰는 방법을 알게 되고, 시간을 효율적으로 쓰기 위해서 내가 자주 사용하는 공간도 나에게 맞게 정리하게 된답니다.

"학원에도 가야 하고, 공부도 해야 해서 정신이 없는데 방 정리할 시간이 어디 있어요?"

이렇게 툴툴거리는 친구들도 있을 거예요. 그건 머릿속에 '정리'라는 개념이 대청소처럼 부담스럽게 정의되어 있기 때문이에요.

매일 5분씩만 자신의 주변을 정리하는 시간을 가져 보세요. 정리를 통해 여유 시간이 늘어난다는 걸 알게 될 거예요.

공간 정리의 시작, 내 방 정리

❶ 정리하는 시간을 정한다

오랜 시간을 들여 정리할 필요는 없다. 잠들기 전이나 하교 후 등 자신이 편한 시간을 정해 매일 정리를 한다.

❷ 큰 것에서 작은 것 순으로 정리한다

엉망인 방을 정리할 때 큰 물건 몇 개만 치워도 정리가 된 것처럼 보인다. 따라서 큰 물건을 정리한 후 학용품처럼 작은 물건을 정리하는 것으로 마무리한다.

❸ 필요 없는 것은 과감하게 버린다

책상 위에 수북하게 쌓인 물건 중에는 사용하지 않는 것들이 많다. 언제 쓸지 모르는 물건은 필요한 사람에게 주거나 과감히 버린다.

❹ 주기마다 청소 방법을 다르게 한다

일주일에 한 번은 눈에 보이는 정리를 하고, 한 달에 한 번은 구석구석 방 정리를 한다. 계절이 바뀔 때마다 대청소를 한다.

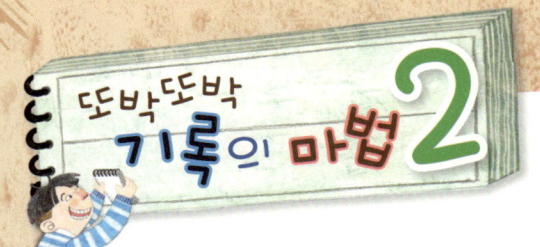

하루를 알차게 보내는 시간 정리 비법

❶ 자투리 시간을 활용한다

하고 싶은 일을 하기 위해서는 시간의 여유가 필요하다. 자투리 시간을 활용하면 여유 시간을 만들 수 있다.

❷ 일일 시간관리표를 만든다

하교 후 20분 휴식, 피아노 학원 1시 50분에 출발 등 구체적으로 시간을 관리한다.

❸ 규칙적인 습관을 만든다

시간 관리가 잘 되려면 내 행동이 예상되어야 한다. 매일 규칙적으로 해야 하는 일은 습관으로 만든다.

❹ 15분 단위로 계획을 세운다

처음 15분은 가장 집중이 잘 되는 시간이다. 오랜 시간 집중하기 어렵다면 15분씩 나누어 계획한다.

우리는 삼총사

　진원이야 원래 친했고, 이젠 주은이와도 단짝이 되었다. 우리 삼총사는 금요일마다 도서관에 모여 책도 읽고, 서로에게 아낌없는 조언도 해준다.
　삼총사가 모이는 금요일 오후, 좀 일찍 도서관에 도착했다. 진원이는 벌써 한쪽에 자리를 잡고 앉아 있었다.
"일찍 왔네? 뭐 읽어?"
"응, 역사 이야기."
진원이는 건성으로 대답을 했다. 그래도 난 꾹 참았다.
"역사? 재미있어?"
그제야 책을 내려놓고는 나를 쳐다보며 말한다.
"네가 역사책만 봐서 얼마나 재미있나 읽어본 거야."
"진원이 네가 읽는다면 내가 재미있는 역사책 추천해줄게."
"됐다. 그 정도로 읽고 싶었던 건 아니야."
잠시 후 주은이가 도착하자 우리는 넓은 책상으로 옮겨 앉았다.
"정리를 제대로 하는 건 쉬운 게 아닌 거 같아."
내가 먼저 말문을 열면서 고모부와의 약속을 잊어서 혼난 이야

기를 했다. 그러자 주은이가 덧붙였다.

"맞아. 나도 힘들어. 과목이 많아져서 공책 정리도 쉽지 않고……. 아까 학급회의 시간에 회장이 한 이야기에 반박하려고 손을 들었는데, 무슨 말을 하려고 했는지 기억이 안 나더라고."

"푸하하. 박주은, 너도 그럴 때가 있어?"

진원이가 눈을 둥그렇게 뜨고 물었다.

"당연하지. 깜빡할 때가 한두 번이 아니야."

그때 번뜩 좋은 생각이 떠올랐다.

"애들아, 우리 공책 정리를 함께 하면 어떨까? 서로 잘하는 과목을 정리해서 요점을 알려주는 거야."

"우와, 그거 좋다."

그렇지 않아도 국어, 수학, 영어, 사회, 과학까지 그 많은 과목을 언제 다 정리하나 걱정이 한 가득이었다.

"내가 국어 정리할게."

주은이가 말하자 진원이가 잽싸게 덧붙였다.

"그럼 난 영어."

"칫, 좋아. 내가 수학할게. 나머진 각자 해서 서로 알려주자."

우리 셋은 하이 파이브를 했다.

삼총사, 의기투합이다.

메모왕의 한마디

메모는 평소에도 중요하지만 반드시 해야 할 때가 있어요. 그건 바로 토론을 할 때예요.

토론할 때 가장 중요한 것은 잘 듣는 것이에요. 무슨 말을 하는지 요점을 파악하며 집중해서 들어야 해요. 그러기 위해서는 메모를 하면서 들어야 발표자의 의견을 잘 이해할 수 있고, 반박 의견도 정확하게 내세울 수 있어요.

토론을 할 때에는 내가 반박하고 싶은 상대가 누구인지 정하고 나서, 그 친구의 논리를 자세히 적어야 해요.
내 주장을 펼칠 때 상대의 의견이 무엇이었는지 간략하게 이야기해야 하는데, 메모를 하지 않으면 불필요한 이야기가 반복되거나 중점을 벗어난 의견으로 제대로 토론이 되지 않을 수도 있어요.
하지만 메모를 한다고 고개를 숙이고 글자만 적다 보면 토론에 동참하지 못할 수 있으니 주의해야 해요.

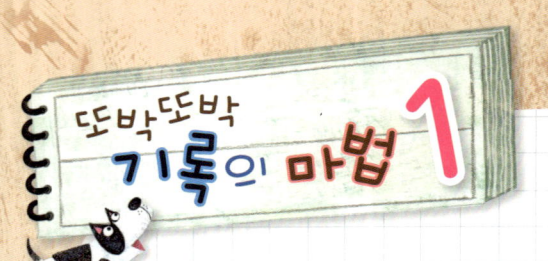

토론 메모는 어떻게 할까?

☑ 토론을 할 때 가장 중요한 것은 상대의 의견을 잘 듣는 것이다. 말하고자 하는 게 무엇인지 파악해야 한다.

☑ 토론자가 많을 경우에는 앉아 있는 위치와 이름을 파악해 메모한다.

☑ 반론의 대상이 정해졌으면 상대의 의견을 메모한다.

☑ 메모를 할 때에는 핵심 단어만 적는다. 핵심 단어만으로도 충분히 내용을 알 수 있다.

☑ 자신이 질문할 내용이나 반박할 부분을 메모한다. 자신의 의견이 정리되지 않으면 제대로 반박 주장을 할 수 없다.

☑ 감정을 섞지 말고 객관적 입장에서 이야기한다. 감정에 휩쓸린 주장은 듣는 사람을 이해시키기 어렵고, 자칫 싸움으로 번질 수 있다.

☑ 예의를 지켜 내 생각을 주장한다. 아무리 좋은 의견이라도 무례하게 이야기하면 반감을 사게 된다.

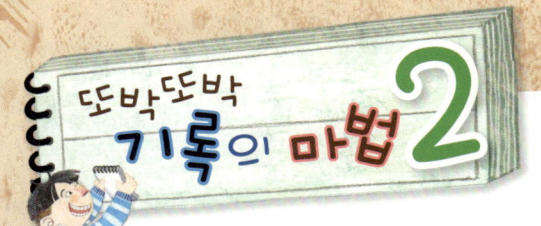

토론에 필요한 메모는 어떤 것일까?

❶ 토론에 대해 조사한다
토론의 주제, 목적, 방식, 참가 인원 등 미리 토론에 대한 자료를 조사한다.

❷ 내 주장을 미리 메모한다
주제에 맞게 내가 펼칠 주장을 메모한다. 즉흥적으로 이야기하면 토론 주제에 맞지 않는다는 반론을 당하게 된다.

❸ 상대의 주장을 메모한다
상대방 의견에 대한 반박이 제대로 이루어져야 내 의견에 신뢰가 쌓인다. 따라서 상대의 의견에 집중하며 메모한다.

❹ 예상 질문에 대한 답을 미리 정리한다
내 주장에 대해 예상되는 질문과 상대의 주장에 반박할 수 있는 질문을 미리 준비한다.

❺ 주장을 펼칠 핵심 메시지를 정한다
이야기가 너무 길면 집중력이 흐려지고 핵심을 벗어날 수도 있다. 간단명료하게 자신의 의견을 전달하기 위해 미리 준비한다.

4장

메모 덕분에 우등생이 되다

수업 시간, 메모에 빠지다

설마 했는데, 정말 달라졌다. 메모를 하다 보니 수업 시간에 좀 더 집중하게 되었다. 메모의 양도 많아졌다. 수업 내용이 예전과 다르게 귀에 쏙쏙 들어오기 시작했다.

이러다 보니 선생님 설명을 적기 위해 자세히 들으며 꼼꼼하게 적게 되었고, 자연스레 공부에 취미도 생겼다. 모르는 부분은 표시를 해두었다가 다시 보고, 선생님이 강조한 부분은

별표로 표시를 해두니 나중에 봐도 수업 내용이 떠올라 복습이 재미있었다.

오늘도 수업에 집중하며 하나라도 놓치지 않기 위해 귀는 쫑긋, 손은 메모에 집중하고 있었다.

"안천재!"

선생님이 수업하다 말고 갑자기 나를 불렀다. 고개를 숙이고 선생님 말씀을 열심히 메모하던 터라 메모가 끝날 때까지 고개를 들지 못했다. 바로 고개를 들지 않자 선생님은 더 화가 난 듯했다.

"안천재! 너 수업

시간에 집중하지 않고 뭐하는 거야? 지금 하던 거 가지고 나와!"

나는 빈 공간마다 깨알같이 수업 내용을 받아 적고, 더 많은 것을 기억하기 위해 색색의 포스트잇을 붙여 놓은 국어책을 들고 앞으로 나갔다.

"교과서 보고 있었던 거야?"

"아이참, 선생님. 당연하죠. 국어 수업 시간에는 국어 교과서를 봐야죠."

선생님은 의외라는 표정으로 나를 이리저리 보았다.

"그럼 뭘 그렇게 적고 있었던 거야?"

"좀 전에 선생님이 설명하셨던 거요."

나는 선생님께 국어책을 보여드렸다.

내 국어책을 살펴보던 선생님은 깜짝 놀라며 말했다.

"오, 안천재. 정말 대단한걸?

선생님은 내 국어 교과서를 아이들 앞으로 펼쳐 들었다.

"여러분들도 천재처럼 선생님이 수업 시간에 설명한 내용을 적어두면 공부에 도움이 되겠죠?"

갑작스러운 칭찬이었지만 기분이 정말 좋았다. 공부로 칭찬받은 게 얼마만인지……. 이제 나는 예전의 안천재가 아니다.

메모왕의 한마디

이 세상에 중요하지 않은 공부는 없어요. 하지만 여러분들이 잘못 생각하고 있는 것 중에 하나가 학교 수업보다 학원 수업이나 학습지 푸는 것에 더 집중한다는 거예요. 물론 학원 수업도 중요하고 학습지 푸는 것도 중요해요. 하지만 이 모든 것은 학교 수업을 이해하고 나서 이루어질 공부라는 것을 잊지 말아야 해요.

메모습관이 익숙해지면 자연스럽게 수업 시간에도 메모를 하게 되지요. 공부를 잘 하는 습관 가운데 가장 중요한 것이 바로 수업에 충실한 거예요.

선생님이 칠판에 적는 내용은 대부분 꼭 알아야 할 핵심 내용인 경우가 많아요. 교과서에 없는 부연 설명은 교과서의 빈 공간이나 공책, 포스트잇 등에 적어두면 언제든 내용을 떠올릴 수 있어 이해하기 훨씬 쉬워져요. 또한 과목별로 공책을 따로 만들어 정리하면 완벽한 나만의 참고서가 되기 때문에 어느 새 성적이 쑥 올라가 있을 거예요.

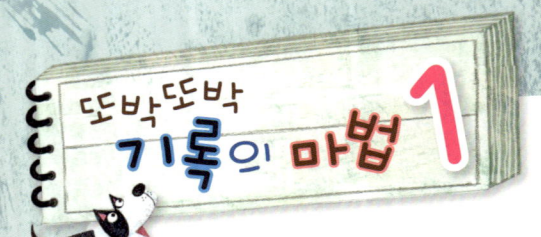

학교 수업 메모 공책 만들기

- 교과서에 없는 부연 설명은 관련 내용 여백에 꼭 적는다.

- 꼼꼼하게 필기하면서 수업 내용을 이해하기 위해 노력한다.

- 선생님이 강조한 내용은 중요도에 따라 색을 달리 하거나 포스트잇 등으로 중요 표시를 한다.

- 미리 교과서를 읽고 궁금한 부분에 대한 질문을 적어두면 예습도 되고 알찬 공부가 될 수 있다.

- 예쁘게 꾸미기보다는 정확하게 알아볼 수 있도록 한다.

- 수업 시간에 느꼈던 자신의 감정을 덧입혀 적는다.
  예) 설명 부족, 이해 안 됨 등

- 과목별로 나누거나 주제별로 공책을 만들어 정리한다.

- 선생님의 농담까지 적어두면 당시의 상황이 떠올라 쉽게 내용이 이해된다.

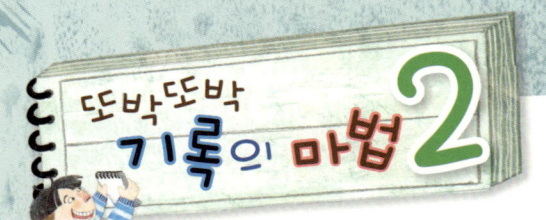

수업 시간 집중력 높이기

❶ 아침 밥 꼭 먹기

아침을 먹지 않으면 우리 뇌를 움직일 포도당이 부족해서 집중력이 덜어진다. 밥이 아니더라도 빵이나 과일을 먹어 속이 비지 않도록 한다.

❷ 일찍 자고 일찍 일어나기

잠을 제대로 자지 않아 졸음과 싸우다 보면 수업에 집중할 수 없다. 충분한 수면으로 집중력을 높이도록 한다.

❸ 여유 있게 등교하기

지각한 날은 유난히 분주한 하루를 보내게 된다. 전날 교과서와 준비물 등을 미리 챙겨놓으면 아침 시간이 여유롭다.

❹ 책상은 항상 깨끗이 정리하기

주변 환경이 어지러우면 제대로 집중을 할 수 없다. 수업과 관계없는 물건은 책상에서 치우고, 꼭 필요한 물건만 올려놓는다.

❺ 질문은 수업이 끝나고 하자

수업 중에 궁금한 것이 있으면 질문 내용을 메모한 뒤 수업이 끝나고 찾아보거나 선생님께 질문한다.

공책 정리도 메모라고?

 수업이 끝나고 진원이가 한마디 툭 뱉었다.
 "천재, 너 요즘 너무 달라지는 거 아니야? 갑자기 우등생 모드야. 진짜 적응 안 되거든?"
 "그래? 내가 그랬나?"
 솔직히 예전과 달라지기 위해 이렇게 열심히 메모를 하는데, 예전과 똑같으면 오히려 내가 섭섭할 것이다. 그렇다고 해서 진원이 앞에서 대놓고 당연하다고 말하기에는 양심에 찔렸다. 시큰둥한 내 대답에 진원이답지 않게 입술을 씰룩이며 자리로 돌아갔다.
 '자식, 메모하라고 잔소리 할 때는 언제고…….'
 괜히 진원이와 사이가 나빠지는 거 같아 속이 상했다. 하지만 지금은 나 자신과의 약속을 지키는 것이 먼저였다.
 "천재야, 국어 공책 좀 빌려줄 수 있어?"
 주은이가 옆으로 다가오며 물었다.
 "국어 공책? 필기 안 했어?"
 "응. 어제 손목을 좀 다쳤어. 그래서 필기를 못했어."
 주은이가 손목을 다쳤다는 말에 나는 자리에서 벌떡 일어났다.

"정말? 괜찮아?"

"아프진 않은데, 필기를 잘 못하겠더라고."

"공책 빌려주는 게 뭐 어렵나."

가방에서 국어 공책을 꺼내 주은이에게 주었다.

"내가 국어 책임인데, 너한테 맡기는 거 같아 미안해."

공책을 받아든 주은이가 탄성을 질렀다.

"오~ 안천재. 너 생각보다 더 꼼꼼한걸? 다시 보여."

주은이의 말에 어느새 진원이가 슬그머니 옆으로 다가왔다.

"뭔데? 뭘 가지고 그래?"

주은이는 진원이에게 내 공책을 보여주며 말했다.

"여기 좀 봐봐. 수업 시간에 선생님이 한 농담까지 적혀 있어. 기억 나? 우리 이때 엄청 웃은 거?"

"맞다. 이때 선생님 코가 벌름거려서 더 웃었어."

진원이도 그걸 보더니 웃음보가 터졌다. 그러고는 엄지손가락을 치켜세우며 말을 이었다.

"친구! 너 진짜 천재 같은데? 인정. 너 필기 대장이야."

메모왕의 한마디

어릴 적부터 공책 정리를 열심히 하면 습관이 되어 학습 효과를 높일 수 있을 뿐만 아니라 인생을 계획하는 데도 무척 중요하게 작용한답니다. 하지만 가장 중요한 것은 수업 시간에 집중하는 것이에요. 필기를 하느라 정작 수업을 놓치면 안 되니까요.

선생님이 말하는 핵심 내용이나 설명하는 내용을 교과서의 여백이나 공책에 꼼꼼하게 적어 놓으면 나에게 가장 잘 맞는 맞춤형 참고서가 될 수 있어요. 시험을 잘 보는 방법은 시험 출제자인 선생님 수업을 제대로 듣는 거예요. 선생님이 강조하는 내용이 바로 시험 문제일 확률이 높기 때문이지요.

국어는 교과서를 이해하는 것이 가장 중요한 과목이에요. 다른 공부도 마찬가지겠지만 국어야말로 오래 공을 들여야 제 실력을 발휘할 수 있는 과목이에요. 그러니 오늘부터라도 교과서를 소리 내어 읽는 것부터 시작해 봐요.

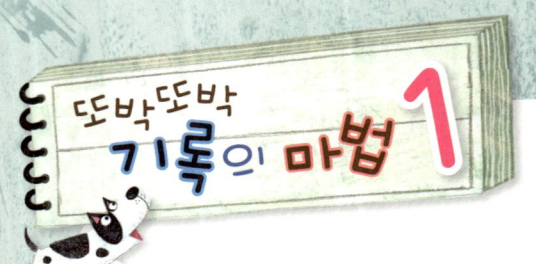

공책 필기 노하우

❶ 제목을 크게 적는다

오늘 배울 교과서의 제목을 크게 적고, 눈에 띄게 표시한다.

❷ 빼곡하게 적지 않는다

여백을 충분히 남기면서 필기한다. 그래야 부연설명 등 도움이 되는 내용들을 채워 넣을 수 있다.

❸ 선생님의 설명에 귀를 쫑긋 세우고 열심히 듣는다

선생님이 하는 농담이나 관련된 일화 등도 적어두면 나중에 기억을 되살릴 때 도움이 된다. 이럴 때는 핵심 단어만 적는다.

❹ 모르는 단어나 용어는 꼭 메모한다

단어를 모르면 국어 공부를 잘할 수 없다. 어휘 실력이 좋아야 문제를 이해하는 능력도, 답안을 작성하는 실력도 늘어난다.

❺ 강조하는 부분을 표시한다

선생님이 중요하다고 강조하는 부분은 별표나 빨간색으로, 이해하고 있어야 할 부분은 세모나 노란색 등 자신만의 기호를 정해 표시한다.

공책 필기에 대한 궁금증

Q1 공책은 어떤 걸 선택해야 하나?

그림이나 이미지로 표현하는 것을 좋아하면 선이 없는 공책을 선택하고, 글씨 쓰기를 좋아하면 선이 있는 공책을 선택한다.

Q2 공책 정리를 할 때 몇 가지 색깔 펜을 사용하나?

너무 다양하게 사용하면 오히려 지저분해질 수 있다. 중요도에 따라, 핵심 단어에 따라 빨간색, 형광펜 등을 사용한다.

Q3 나만의 기호는 어떻게 만드나?

용어 설명은 뜻, 반대말은 반 등으로 기호를 만든다. 또 중요한 부분은 ★나 ※ 등으로 표시하는데, 중요도에 따라 개수를 늘린다.

Q4 선생님 말씀은 어디까지 적는 게 좋은가?

수업 시간에 하는 선생님의 설명, 우스갯소리까지 적는 게 좋다. 공책 정리를 하다 보면 그때의 분위기가 생각나 내용이 훨씬 더 잘 떠오르기 때문이다.

엄마, 좀 적으라니까요

기말고사가 코앞으로 다가왔다. 이번 시험은 정말 잘 보고 싶었다. 그만큼 자신도 있었다.

"천재야~!"

"왜요?"

나는 책상 앞에 앉아 고개도 들지 않고, 대답만 삐죽했다. 수학 공책을 정리하고 있던 터라 대답도 건성이다.

"넌 엄마가 부르면 와야지. 방에서 대답만 하니?"

진짜 독특한 엄마다. 다른 엄마들은 공부하라고 방문도 안 연다는데, 우리 엄마는 다르다. 너무한다고 항의라도 할라치면 오히려 엄마가 더 큰소리다.

"네 공부지, 내 거 아니잖아!"

게다가 요즘 엄마는 잘하던 달력 메모도 잘 안 해서 깜빡증

을 앓고 있다.
지금도 분명 뭔가 잊
어버린 게 분명하다. 난 메모 수첩을 손에
쥐고 거실로 나갔다.
"엄마, 왜요?"
"우리 지난번에 공연 보러 가기로 했잖아. 그게 언제야?"

헉, 내 기말고사가 끝나고 가야 한다면서 직접 날짜를 정하고 예매까지 했던 엄마다.

나는 수첩을 펴들고 엄마를 보여주며 말했다.

"엄마, 여기. 10월 21일 6시 세종문화회관 예약."

"아, 맞다. 아들. 고마워. 사실은 지금 아줌마들 하고 약속 잡고 있었는데, 아무리 생각해도 공연 날짜가 언제인지 기억이 안 나는 거 있지."

"엄마, 요즘 메모 왜 안 해요? 좀 하세요."

내가 씩씩거리며 말하자 엄마는 호호호 웃으며 말했다.

"엄마 메모장 있어. 아주 든든한 메모장. 안천재 바로 너. 호호호. 그런데 천재야, 뭐 하고 있었어?"

아, 진짜 내가 못 산다.

"엄마, 나 시험공부 하고 있어요. 이제 곧 기말고사잖아요. 내가 수학 공책 정리하기로 해서 지금 정신없어요. 그러니 이제 그만 부르세요."

"아, 맞다. 그런데 정말 네가 수학 담당이야?"

깜짝 놀라는 엄마의 표정에 기분이 묘했다. 우리 엄마가 아닌 것 같았다.

메모왕의 한마디

많은 친구들이 수학 문제를 풀 때 문제를 왜 풀어야 하는지 모르는 경우가 많아요.

수학 공부에서 가장 중요한 건 수학 개념을 완전히 이해하고, 그 개념을 이해할 수 있는 문제를 많이 풀어서 문제의 유형을 제대로 파악하는 거예요.

수학은 예습이 필요없는 과목이에요. 예습보다 배운 범위의 문제를 꼼꼼히 풀면서 복습 중심으로 공부하는 것만으로 충분해요. 수업 시간에 선생님이 강조하면서 풀어주는 풀이 과정은 꼭 표시를 하고, 도표나 그래프 등도 자세하게 그려둘 필요가 있어요.

예습이 필요 없는 대신 수학 공부에 꼭 필요한 게 있어요. 그건 바로 오답공책이에요. 오답공책을 만들어 왜 이 문제를 틀렸고, 어떤 부분을 모르는지 알 수 있어 똑같은 문제를 반복해서 틀리지 않게 되지요. 이 기본 공부법만 익히면 수학은 결코 어려운 과목이 아니랍니다.

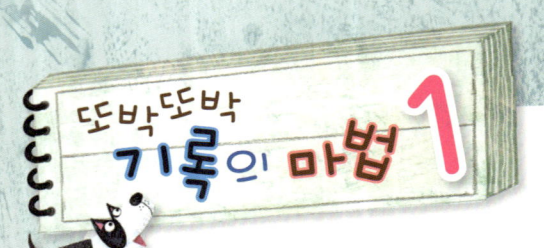  

수학공책 제대로 작성하기

절대 풀이 과정을 생략하지 않는다

수학은 답이 맞더라도 풀이하는 과정이 틀리면 오답이 된다. 평소 선생님이 풀어주는 풀이 과정을 꼼꼼하게 적어둔다.

오답공책은 필수

왜 문제를 틀렸는지 이유를 아는 것이 가장 중요하다. 초등학생 때부터 오답공책을 작성하는 습관이 들면 중·고등학생이 되어서도 공부습관이 잡혀 수학에 자신감이 생기게 된다.

많은 문제집보다는 한 권이라도 완전하게 이해한다

교과서와 문제집 한 권 정도를 완전하게 이해하면 수학을 정복하기에 충분하다. 틀린 문제나 모르는 문제는 표시를 했다가 오답공책에 깨끗하게 정리해 이해가 될 때까지 푼다.

단순한 문제는 틀렸을 때 바로 확인한다

복잡한 과정이 필요한 문제도 있지만 연산처럼 단순한 문제는 실수로 틀리는 경우가 많다. 그럴 때는 비슷한 문제를 다시 풀어서 확실하게 알고 넘어간다.

또박또박 기록의 마법 2

내게 맞는 오답공책 만들기

❶ 유형별로 만들어라

개념을 이해하지 못하는 경우, 공식을 외우지 못한 경우 등 문제를 풀지 못하는 이유는 다양하다. 비슷한 유형의 문제를 풀어서 확실하게 이해한다.

❷ 수준에 맞는 문제를 풀어라

어려운 문제를 푼다고 해서 실력이 좋아지는 것은 아니다. 수준에 맞는 문제를 풀어서 완전히 이해한 다음, 더 어려운 단계의 문제로 넘어간다.

❸ 너무 많은 것을 담지 마라

단원별로 개념과 함께 오답공책을 만들되, 그 단원에서 꼭 알아야 할 것과 내가 자주 틀리는 문제 위주로 오답공책을 작성한다.

❹ 한눈에 들어오게 만든다

공책을 너무 빼곡하게 채우면 한눈에 풀이 과정이 들어오지 않는다. 충분한 공간에 여유롭게 적어 알아보기 쉽게 작성한다.

시험 대비 전 과목 공책 정리

 드디어 내일부터 시험이다.
 역시나 시험 준비를 하는 데도 정리 공책이 최고다. 과목별로 만들어 놓은 공책은 내가 뭘 알고 있고, 어떤 부분을 좀 더 공부해야 하는지 잘 정리해놓은 나만의 참고서 같았다.
 "천재야, 시험공부 많이 했어?"
 단어 공책을 손에 들고 중얼거리며 걷고 있는 내 옆에 어느새

딱!

주은이가 같이 걷고 있었다.
"넌? 많이 했어?"
1등을 맡아서 하는 주은이라 당연히 많이 했을 거라고 생각했다. 그런데 오늘따라 주은이 얼굴색이 별로 좋지 않다.
"아니. 별로 못했어. 난 공부할 때 연습장에 내용을 쓰면서 해야 하는데, 손목이 아파서 쓸 수가 없더라고. 그러다 보니 집중력이 떨어져서 내용이 머릿속에 안 들어와."
"아직 많이 아픈 거야?"

진심으로 걱정이 되었다.

"주은아, 그럼 내가 정리한 공책 빌려줄까?"

"정말? 고마워. 사실 요 며칠 공책 필기도 제대로 못했거든."

"알았어. 내가 수업 끝나고 줄게. 시험 범위 부분만 따로 정리한 게 있거든."

딱!

"누구야! 누가 감히 이 안천재 님 뒤통수에 손을 대!"

"나다. 너 나한테는 빌려준다고 안 하더니 주은이는 그렇게 선뜻 빌려 주냐? 안천재, 너 변했다. 이제 나는 친구도 아니냐?"

진원이였다. 앞서가는 우리를 보고 몰래 따라오다 필기 공책 이야기를 듣고 불같이 화를 냈다.

"아, 미안해, 알았다고. 너도 보면 되잖아. 그런데 내가 한 거 빌려주면서 왜 내가 미안하냐!"

"진작 그럴 것이지."

진원이는 그제야 웃으며 내 목을 껴안으며 말했다.

"가자, 친구. 주은아 우리 먼저 뛰어간다!"

메모왕의 한마디

국어와 수학 외에도 자신이 부족하다고 생각하는 과목은 따로 정리 공책을 만들어 요점을 정리해놓으면 좋아요. 어떤 공부든지 지름길은 없어요. 꾸준히 공부하면서 자신에게 맞는 적합한 방법을 찾는 것이 올바른 공부이지요.

영어 공부에서는 얼마나 많은 단어를 알고 있느냐가 중요해요. 단어 수첩을 만들어 시간이 날 때마다 하루에 10~20개 정도 목표를 정해 암기하면 단어 실력을 늘리는 데 도움이 되지요. 또한 자신의 수준에 맞는 원서를 읽거나 자막이 없는 애니메이션을 보는 것도 좋은 방법이에요.

용어가 어려운 사회나 이해하기 힘든 과학, 방대한 시간의 흐름을 알아야 하는 국사나 세계사도 자신만의 정리 공책을 만들면 복습이 저절로 되는 일석이조의 효과까지 볼 수 있어요.

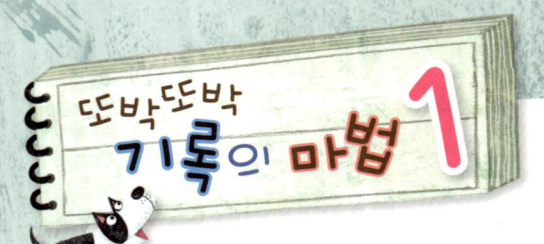

영어를 위한 공책 정리 노하우

❶ 미리 예습을 한다

예습 공책을 만들어 수업 전 교과서 문장을 미리 읽고 모르는 단어를 찾아두면 수업 시간에 이해가 빨라진다. 예습 때 해석이 틀린 부분은 수업 시간에 꼭 정확하게 적어둔다.

❷ 종이사전을 활용한다

컴퓨터나 전자사전보다는 종이사전을 찾는 습관을 들인다. 찾은 단어는 표시를 해두고, 뜻과 함께 예문도 읽어 단어가 쓰이는 용도를 분명히 알고 넘어간다.

❸ 단어장을 만든다

휴대가 편리한 작은 크기의 수첩에 단어의 철자와 뜻, 어원과 숙어, 유의어와 반의어, 동사라면 과거와 과거분사형도 적는다.

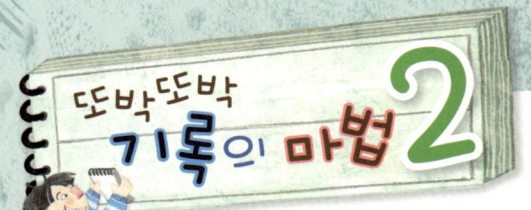

사회·과학 공책 정리 노하우

단원이 시작하기 전 새로운 용어를 정리한다
사회와 과학은 용어의 뜻을 이해하고, 정리하는 것이 가장 중요하다. 단원의 의미와 뜻은 물론 이해가 가지 않는 단어를 전부 정리해서 정리한다.

이미지가 중요하다
사진, 그림, 도표, 그래프, 지도 등을 분명히 이해해야 한다. 공책을 정리할 때 이미지를 그려 넣거나 사진 자료를 찾아 붙여놓으면 훌륭한 나만의 참고서가 된다.

수업 시간에 충실한다
선생님의 설명에 모든 지식이 담겨 있다. 학교에서 받은 프린트물이나 수업 시간에 체크한 내용은 반드시 다시 확인해 정리해둔다.

책에도 메모를 한다고?

"천재야, 너 이번 시험 진짜 어려웠는데, 어떻게 된 거야?"

우리 반 1등. 내 평생 이런 대기록은 처음이다. 진원이가 놀라는 것도 무리는 아니다.

"진원아. 내가 진짜 열심히 메모한 거 알지?"

"알지. 네 메모습관 때문에 내가 얼마나 힘들었는지 아니? 이젠 농담도 못 하겠어."

"왜?"

"난 그냥 농담으로 한 건데, 네가 메모를 해놨다가 나한테 뭐라 하니까 말하기도 무섭잖아."

진원이가 엄살이다. 수다를 떠는 사이 주은이가 쪼르르 달려왔다.

"천재야, 축하해. 열심히 한 보람이 있네."

"고마워. 주은이 너랑 진원이, 이게 다 정리 삼총사 덕이야."

내 말에 주은이와 진원이가 동시에 하하 웃으며 말했다.

"그래 맞다. 너 내 덕 잊으면 안 돼."

진원이 너스레에 나도 웃음을 터뜨렸다.

"당연하지. 너희가 내 방 정리 안 해줬으면 못했을 거야."

내 말에 주은이가 웃으며 말했다.
"아니야. 네가 얼마나 열심히 했는지 우리 반 애들이 다 알아."
"맞다. 공부 잘 하는 비법은 바로 열심히 하는 거, 그거다."
주은이가 갸우뚱한 표정으로 말했다.
"그런데 말이야, 나도 어느 정도 메모를 잘한다고 생각하는데 천재처럼 못했을까?"
"너희가 말해준 다음, 내 나름대로 더 찾아봤어. 그러다 보니 공책 정리까지 할 수 있게 되더라고. 나 요즘은 도서관에서 책 읽고 한 줄 뽑아 쓰기를 해. 내가 봐도 이런 내가 신기해."
내 옆에 있던 책을 집어든 진원이는 입을 쩍 벌렸다.
"주은아, 이것 좀 봐. 책 페이지마다 밑줄이 그어져 있어. 그리고 이건 뭐야?"
"그건 읽으면서 생각나는 감상이나 느낀 점들을 써 놓은 거야."
"도대체 언제 이걸 다한 거야?"
주은이도 한껏 놀란 표정이었다.
"하루에 한 권씩 하기로 마음먹었더니 별로 어렵지 않던걸?"
"어쨌든 대견하다, 친구!"
진원이가 엄청 부러운 표정으로 천재를 쳐다봤다.

메모왕의 한마디

독서록을 쓰는 방법이 정해져 있지 않아요. 책을 읽고 나서 내가 느낀 점을 형식에 구애받지 않고 적으면 되지요. 정해진 양도 없어요. 단 한 줄을 써도 좋고, 몇 장에 걸쳐 써도 상관없어요. 책을 읽고 난 느낌은 나만의 느낌이기 때문이에요.

대부분의 친구들은 독서록을 쓰는 것을 부담스러워 해요. 하지만 독서록은 어려운 게 아니에요. 줄거리와 책을 읽고 난 후의 느낀 점을 쓰면 된답니다. 그것도 어렵다면 느낌을 한 줄로 적어두어요. 글이 어렵다면 그림을 그려도 좋고, 주인공에게 편지를 써 보는 것도 좋아요. 시간이 흐른 뒤에 다시 읽었을 때, 그때의 느낌과 비교해 보면 내 생각이 달라진 것을 알 수 있어요.

독서록을 쓰면 가장 좋은 점은 머릿속에 떠오른 느낌이나 생각을 글로 정리를 해본다는 것에 있어요. 자신의 생각을 정리해 제대로 표현할 수 있다면 앞으로 성장해 사회생활을 할 때도 큰 도움이 될 거예요.

책에 메모하기

❶ 소설을 읽을 때는 줄거리 부분을 찾아 표시한다

마음에 와 닿는 문장이나 핵심 내용이라고 생각되는 문장에 밑줄을 긋는다. 표시된 부분만 연결해 읽어도 전체적인 내용을 이해할 수 있고, 독후감 자료로도 쓸 수 있다.

❷ 의문이 들면 여백에 기록하자

내용에 대한 궁금증이 들 때는 책의 여백에 적어놓은 후 자료를 찾아 그에 대한 답변을 달아놓는다.

❸ 감동을 받은 순간의 느낌을 적어둔다

책을 읽는 순간 느껴지는 감정을 적어둔다. 나중에 읽어보면 그 당시의 감정을 다시 느낄 수 있을 뿐만 아니라 그때의 감정과 지금의 감정을 비교할 수도 있다.

❹ 복잡한 구조의 책은 관계도를 만들어 읽는다

인물이 많이 나오는 경우 관계도를 만들면 이해가 쉬워진다.

❺ 단어장을 만들며 읽는다

새로운 단어를 정리한 단어장을 만들어놓으면 편하게 내용을 이해할 수 있다.

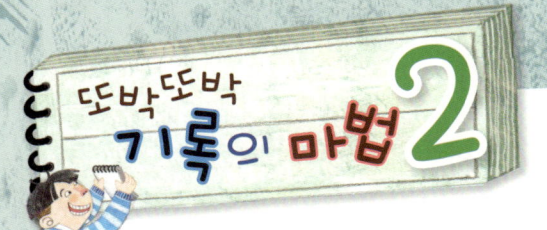

독서록 만들기

❶ 읽는 중간 중간 메모를 한다

읽으면서 마음에 드는 문장이나 중요한 부분이라고 생각되는 부분에 밑줄을 긋거나 포스트잇 등으로 표시한다.

❷ 책 정보를 쓴다

책 제목, 글 작가, 그림 작가, 출판사 등 책에 대한 기본적인 정보와 책을 읽은 날짜도 쓴다.

책 제목	존댓말을 잡아라		
글 작가	채화영	그림 작가	김정진
출판사	파란정원	읽은 날짜	9월 20일

❸ 간단한 줄거리를 적는다

자세한 줄거리를 적기보다는 어떤 내용의 책인지 간단하게 내용을 요약해 소개글을 적는다.

❹ 읽고 난 느낌을 쓴다

그림으로 그리거나 글로 쓰거나 다양한 방법으로 책에 대한 자신의 생각을 적는다.

꿈이 이루어지는 메모

"자, 이번 기말고사에서 우리 반 성적이 많이 올랐어요. 수고했어요, 여러분. 특히 천재는 정말 열심히 노력한 거 같아 선생님이 정말 뿌듯해요."

선생님 말이 끝나자 여기저기서 와~ 하는 탄성이 쏟아졌다.

나는 손을 번쩍 들었다.

"선생님. 그럼 약속 지키시는 거죠?"

선생님이 의아한 표정으로 나를 쳐다보며 물었다.

"약속? 선생님이 무슨 약속을 했지?"

"선생님이 지난번에 약속하셨잖아요. 제가 반에서 1등하면 이번 축구시합에서 응원단장 해주신다고요."

선생님은 놀라는 표정이 되었다.

"응원단장? 선생님이 응원을 하겠다고 했겠지. 설마 응원단장을 하겠다고 했다고? 그럴 리가……."

흐흐. 당연히 선생님이 이런 반응을 보일 줄 알았다. 이럴 때를 대비해 준비해 놓은 것이 있다. 나는 재빨리 메모장을 펼쳤다.

> 10월 6일
>
> 2교시 수학 수업 시간.
>
> 문제풀이 후 기말고사 이야기 도중 선생님이 약속하심.
>
> "안천재, 네가 이번에 1등 하면 선생님이 이번 축구시합 때 응원단장 한다. 떡볶이도 쏜다!"
>
> *꼭 지키신다고 하셨음.

선생님은 이제야 기억이 난 듯 손으로 머리를 탁 치며 말했다.

"아, 그래 맞다. 그날 너희가 문제풀이 하기 싫어서 딴짓을 많이 하길래 분위기 좀 띄우려던 건데……. 이거 천재한테 잘못 걸리면 큰일 나겠는데?"

아이들은 책상을 두드리며 깔깔댔다. 난 아이들 앞에서 어깨를 한 번 들썩하고는 씩 웃으며 김영광을 돌아보며 소리쳤다.

"이봐, 주장! 이번 시합 응원단장은 선생님이다!"

메모왕의 한마디

'위시리스트'라는 말을 들어본 적이 있나요? 바로 '평생 이루고 싶은 꿈의 목록'을 말해요. '언젠가 이루어지겠지.' 하는 마음으로는 절대 꿈을 이룰 수 없어요. 지금부터 차곡차곡 꿈을 위해 노력을 해야 꿈을 이룰 수 있답니다.

꿈을 이루기 위해 도움이 되는 것이 바로 '꿈 메모 공책'이지요. 자신의 꿈과 연관된 생각이나 연관된 일들을 적어두는 거예요.

축구를 무척 좋아하지만 신체적인 조건이나 자질 등이 부족하다고 해서 그대로 꿈을 접어야 할까요? 비록 축구를 잘 못하더라도 축구와 관련된 일은 무척 많아요. 축구해설가, 축구행정가를 비롯해 국제적인 무대인 FIFA에서 꿈을 펼칠 수도 있어요.

그렇게 되기 위해서는 축구 자료를 모아 자신만의 노하우를 만드는 것이 필요해요. 꿈을 이루기 위해서는 그만큼 노력이 필요하거든요. 꿈 메모 공책은 바로 그 시작이 될 수 있답니다.

나는 내가 원하는 꿈을 가지고 있을까?

- ☐ 내가 진정으로 원하는 꿈인가?
- ☐ 내 꿈은 명확하고 구체적인가?
- ☐ 내 꿈은 나와 다른 사람을 이롭게 하는가?
- ☐ 가족들도 내 꿈을 응원해주는가?
- ☐ 꿈을 이루기 위해 계획을 세웠는가?
- ☐ 계획을 잘 실행하고 있는가?
- ☐ 꿈에 대한 조언자 또는 도움을 줄 사람이 있는가?
- ☐ 하고 싶은 것이 있어도 꿈을 위해 포기할 수 있는가?
- ☐ 꿈을 향해 다가가고 있는가?
- ☐ 꿈을 이루기 위한 노력으로 나는 행복한가?

나의 꿈 _____ 이 되기 위해
나는 지금도, 그리고 앞으로도 끊임없는 노력하여
내가 좋아하고 행복해지는 일을 할 것이다.

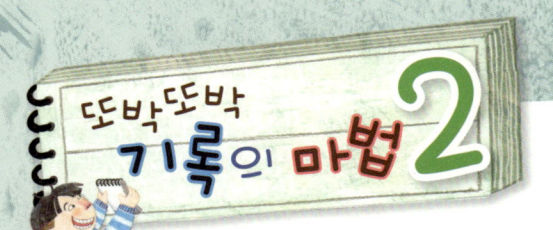

꿈을 이루는 생활 속 메모습관

❶ 이루고 싶은 꿈을 적는다

머릿속으로만 내 꿈에 대해 생각하면 내가 원하는 꿈이 무엇인지 알기 어렵다. 내 꿈이 무엇인지 곰곰이 생각해보고 공책에 적어 보자.

❷ 꿈을 이룬 내 모습을 상상한다

꿈을 이룬 내 모습을 상상해서 자세히 써보자. 꿈을 이루기 위해 노력하고 싶은 마음이 불끈 솟아오를 것이다.

❸ 꼼꼼한 계획을 세운다

계획을 세울 때는 시간을 거꾸로 흐르게 하자. 10년 후의 모습, 5년 후 모습, 1년 후 모습, 그리고 한 달, 일주일, 하루의 목표를 세워 실행하다 보면 꿈을 이룬 내가 있을 것이다.

❹ 내가 원하는 분야에 대한 정보를 메모한다

관심 있는 분야에 대한 정보를 모아 메모하다 보면 어느새 전문가만큼 지식이 쌓이게 된다. 지식이 쌓이는 만큼 꿈에 다가갈 수 있다.

초판 2쇄 2022년 6월 10일 | **초판 1쇄** 2015년 5월 2일
글 김은정 | **그림** 김효주
펴낸이 정태선 | **펴낸곳** 파란정원(자매사 책먹는아이) | **출판등록** 제395-2010-000070호
주소 서울시 서대문구 모래내로 464 2층(홍제동) | **전화** 02-6925-1628 | **팩스** 02-723-1629
제조국 대한민국 | **사용연령** 8세 이상 어린이
홈페이지 www.bluegarden.kr | **전자우편** eatingbooks@naver.com
종이 다올페이퍼 | **인쇄** 조일문화인쇄사 | **제본** 책공감
ISBN 978-89-94813-76-9 73370

이 책은 저작권법에 따라 보호받는 저작물이므로 무단 전재와 무단 복제를 금지하며, 이 책 내용의 전부 또는 일부를 이용하려면 반드시 저작권자와 파란정원(자매사 책먹는아이)의 동의를 얻어야 합니다.
*잘못된 책은 구입하신 서점에서 바꿔 드립니다.